CHAPITRE 1

LE MASQUE À OXYGÈNE

Un village paumé au milieu des montagnes en Afghanistan, au petit matin. On est en plein hiver. Il neige et le soleil vient à peine de se lever. Tout le décor est recouvert de blanc, c'est tranquille, c'est calme. Les bêtes sont à l'étable, les gens sont dans leur maison, on entend juste quelques oiseaux piailler pour réclamer des graines.

C'est là que nous débarquons.

Il nous faut cette balise ennemie, et on nous a donné les ordres : rien ni personne ne doit entraver notre mission. Si les villageois s'interposent, il faudra les tuer tous : hommes, femmes et enfants. Surtout que nous ne sommes pas à l'abri que deux ou trois d'entre eux aient des explosifs en leur possession. Et même un explosif artisanal, je peux te dire que ça t'arrache une jambe ou une tête sans problème. Nous sommes douze, il faut qu'il en reste au moins deux entiers pour récupérer la balise, la mettre en lieu sûr puis la ramener au camp de base.

Les villageois nous ont repérés. En quelques minutes, on passe du silence tranquille au boucan de tous les diables. On passe du blanc bien propre au rouge dégoulinant. Ça tire de partout, ça pète dans tous les sens. Les villageois se sont dispersés, on est encerclés. Une partie de l'escadron doit couvrir l'autre partie qui doit traverser le village pour atteindre le versant de la montagne où la balise est cachée. On a tout préparé. Sauf que les mecs en face ne sont pas prêts à nous laisser passer.

Ça commence à tirer sévère. Je vois un de mes potes prendre une balle dans l'œil, la moitié de son cerveau part avec, et vient s'écraser sur l'uniforme du type derrière lui. Je n'ai même pas le temps de vomir ou de crier. On tire sans discontinuer, en essayant d'abattre ceux qui tiennent les armes et qui nous canardent. Au passage, je touche une mère et son mioche qui essayaient de s'enfuir, la mère s'affale la tête la première dans la neige, le gamin a une jambe arrachée et hurle comme un damné.

Il y a du sang partout, des cris de tous les côtés, c'est compliqué d'y voir clair dans ce bordel. Mes potes qui sont derrière essayent d'avancer à couvert, mais ils progressent trop doucement. La moitié de notre escadron est blessé, et il y a au moins 2 morts déjà. Du coup, une brèche se forme dans notre ligne de défense. Nous réorganisons nos rangs pour remplir les trous, parce que l'essentiel c'est la balise, et il faut qu'il reste au moins deux gars pour aller la chercher. C'est un pote et moi qui devions nous y coller. On ne l'a pas choisi, nous avons été désignés pour cette mission bien avant le début du massacre.

Alors on avance le plus vite possible vers la montagne, on rampe comme des malades, on traîne nos carcasses pleines de terre et de sang qui forment de gros sillons rougeâtres dans la neige.

On ne progresse pas trop mal, mais les villageois ont appelé du renfort et des types avec des grenades explosives se mêlent au combat. La ligne de défense est sérieusement touchée, et c'est comme ça qu'une grenade arrive à tomber à 10 centimètres du visage de mon pote qui rampe devant moi. Le choc le soulève dans les airs, je le vois s'élever au ralenti et retomber comme une poupée de chiffon par terre, le ventre arraché et les boyaux à l'air. Il hurle de terreur et de douleur. Je le sais très bien, je ne devrais même pas me retourner et tracer jusqu'à la balise sans me poser de question. Mais je ne veux pas, je ne peux pas le laisser comme ça. Alors je le prends sur mon dos et me mets à courir pour nous mettre à l'abri.

Sauf que c'était l'erreur à ne pas faire. En me mettant debout, je me suis fait repérer direct. Je n'ai même pas eu le temps de courir 15 mètres qu'une balle m'atteint en plein dans la poitrine.

Game over.

Tous les escadrons de la caserne se sont rassemblés dans l'amphithéâtre, il est 5h du mat et il fait encore nuit. Certains types baillaient encore il y a quelques minutes, désormais ils ont les yeux écarquillés et tous leurs sens en alerte. Le commandant est arrivé dans la salle en claquant la porte, puis il l'a fermée à clé, ce qui n'a pas été pour nous rassurer. Il a croisé lentement les bras et a commencé à faire les 100 pas sur l'estrade en silence. Ce n'est qu'au bout de 2 ou 3 longues minutes qu'il a ouvert la bouche, et qu'il a fait le bilan de l'opération-désastre où on s'est tous fait tuer. Ce n'était qu'un exercice, mais pour le commandant ça ne fait aucune différence. Pour nous non plus d'ailleurs. On l'a vraiment vécu comme une situation réelle tant ils ont mis les moyens pour nous mettre en condition.

Il ne doit pas faire plus de 15 degrés dans la salle, mais lui est en tee-shirt. Je crois n'avoir jamais vu quelqu'un qui soit aussi mince et aussi musclé. Chaque centimètre de son corps fait saillir un muscle, même son visage qui est traversé de rides comme s'il exprimait constamment l'effort. Ses bras noueux sont recouverts de tatouages, en particulier l'avant-bras droit sur lequel sont tatoués des prénoms, ceux de ses hommes qu'il a perdus...

Il se dresse comme ça devant nous, les bras croisés, et nous regarde tous un par un.

« Vous entendez ce silence ? Dans la guerre, il n'y a rien de pire que le silence. Le silence, ça veut dire que vous êtes tous morts. »

Personne ne moufte. D'ailleurs, quand ce commandant parle, on n'entend jamais aucun bruit.

Ce type-là, je me suis battu pour me retrouver dans son escadron. C'est le meilleur, une sorte de mentor de guerre pour moi. Un type qui grimpe une montagne en deux heures et la redescend en trente minutes en sifflotant. Le genre de mec qui peut rester une semaine en mission dans un trou en pleine montagne, à manger des rats et à boire l'eau de pluie, avant de redescendre aussi frais et disponible que s'il sortait d'une cure thermale. Alors quand il nous réveille comme ça à 5h du matin, pour faire le bilan de l'exercice d'hier, ce n'est pas pour nous divertir. C'est parce qu'il a quelque chose à transmettre.

Il nous lance : « Qui a déjà pris l'avion ici ? Levez la main »

La moitié de la salle s'exécute. L'autre se demande où il veut en venir.

« Alors pour ceux qui connaissent, et ceux qui ne connaissent pas, quand vous prenez l'avion, juste avant le décollage, une hôtesse de l'air vous présente les consignes de sécurité en cas de problème pendant le vol.

On vous explique qu'en cas de dépressurisation, les masques à oxygène tomberont automatiquement devant vous. Si ça arrive, il vous est demandé de placer votre masque correctement sur votre visage, puis d'aider les personnes autour de vous à mettre le leur. On vous explique clairement que si vous voyagez avec un enfant, vous devez d'abord mettre votre masque avant de lui mettre le sien.

Une fois, j'ai pris l'avion avec ma femme et elle m'a dit : « C'est complètement dingue ces consignes ! Si je voyage avec le petit et qu'il arrive un truc comme ça, je vais le sauver d'abord, et je mettrai mon masque ensuite. » Je lui ai dit : « Ouais, super idée chérie, le meilleur moyen pour que vous mourriez tous les deux. »

Parce que si elle s'évanouit avant d'avoir pu mettre son masque, quand bien même elle aurait eu le temps de mettre celui de notre enfant, elle ne serait plus d'aucune utilité pour le protéger et le sauver, et donc c'est quasi sûr qu'ils n'en ressortiraient pas vivants, ni l'un ni l'autre. C'est la même chose dans un village en Afghanistan, au Kosovo, ou dans votre cité pourrie. Si vous voulez jouer les héros sans penser à votre vie, tout ce que vous allez réussir à faire, c'est de crever en laissant l'autre dans sa merde. »

La peur se diffuse dans nos veines comme un mauvais poison. On n'est pas à l'abri qu'il nous fasse une démonstration en live pour donner plus d'impact à ses propos. On se souvient tous de la dernière fois où il a nous enfermé dans une salle. On était une dizaine dans une pièce de 15 mètres carrés. Il nous a balancé une grenade lacrymogène, et un seul masque à oxygène, avant de fermer la porte à clé. Mes yeux et ma gorge s'en souviennent encore...

Comme s'il lisait dans nos pensées, le commandant ajoute : « Vous vous souvenez quand vous étiez enfermés comme des lapins dans une pièce pleine de gaz ? Comme des cons, vous vous êtes battus pour mettre le masque à oxygène. Résultat, personne ne l'a eu et vous êtes sortis quand je l'ai décidé, avec des yeux défoncés et des gorges en vrac. Alors que si vous aviez été plus malins, un seul d'entre vous aurait mis le masque, en 3 secondes il aurait défoncé la porte et aidé les autres à sortir. »

Ce speech du commandant, je m'en souviens encore. Il m'avait beaucoup marqué à l'époque, et il me parait toujours aussi valable aujourd'hui. Certaines personnes viennent me voir pendant les formations et me disent : « Comment je peux aider les autres, j'aimerais me rendre utile! » Il suffit que je creuse 5 minutes pour comprendre qu'en fait, la personne est célibataire, au RSA, squatte le canapé d'un pote, et bosse de temps en temps au black pour combler son découvert. Et pourtant, la première question qu'elle me pose c'est : « Comment je peux aider les autres ? »

C'est là que je réponds par la stratégie du masque à oxygène.

Soyons clairs : Dans la vie, tu vas tout donner et les gens ne vont rien te rendre! Si tu donnes le peu que tu as, en espérant en recevoir autant en retour, tu cours à une cruelle déception, et tu risques de passer à côté de ta vie à force de courir derrière les autres. Apprends à être égoïste. Pas égocentrique, non, mais égoïste. Être égocentrique, c'est faire tout tourner autour de soi au point de devenir son centre de gravité. Alors qu'être égoïste, c'est savoir s'accorder des moments, des périodes rien qu'à soi pour se former, se construire, ou recharger ses batteries.

Il y a des gens qui sont en permanence dans l'extérieur, dans l'autre, dans l'offrir. Alors ils s'appauvrissent et se déchargent comme un iPhone usé. Eux sont à 20% quand d'autres sont à 80. Ceux-là prennent le temps d'investir en eux. Ils n'ont pas peur de se retrouver en face d'eux-mêmes et d'écouter ce que leur voix intérieure a à leur dire. Ils écoutent, et ils agissent. Et quand ils sont bien alignés, bien droit dans leurs bottes et sur le bon chemin, alors ils commencent à investir du temps pour les autres.

RÈGLE KARMA N°1

Ceux qui donnent doivent apprendre à poser des limites car ceux qui prennent n'ont aucune limite.

C'est dans les commandos alpins que j'ai appris à me créer un champ de distorsion mentale pour me sauver moi-même quand j'étais dans des conditions très difficiles.

En entraînement par exemple, quand je me retrouvais au milieu d'une montagne, au fond d'un trou que j'avais pré-creusé dans la neige au début de l'exercice. J'avais une petite ration d'eau et de nourriture, aucun moyen de communication avec l'extérieur sauf un signal à envoyer pour que le reste de l'escadron puisse me repérer et venir me chercher. Je n'avais plus aucune notion du temps, je ne voyais plus la lumière du jour. Mon corps entier était ankylosé, et je ne pouvais même pas changer de position vu que le trou était juste assez grand et large pour moi. Dans les moments où je n'en pouvais plus, je me disais : « Tu ne vivras jamais une telle expérience, que peu de gens ont la chance de vivre. Tu ne revivras jamais ce moment hors du commun qui va faire de toi un être hors du commun. Ce que tu vis là, c'est comme ce que disait Mohammed Ali : « Je détestais chaque jour de l'entraînement, mais je savais que cela ferait de moi une légende ». Si tu arrives à surmonter ça, à supporter cette souffrance et cette difficulté, alors à chaque fois que tu souffriras tu ne souffriras jamais autant qu'à ce moment-là. Tu pourras tout surmonter, tout dépasser. »

Je suis resté 5 jours dans ce trou, avant qu'on vienne me chercher. Quand j'en suis sorti, j'ai compris que j'avais le choix entre devenir deux types : celui que le karma jette aux loups et qui se fait dévorer, et celui qui, quand le karma le jette aux loups, revient à la tête de la meute.

RÈGLE KARMA N°2

Quand on te jette aux loups, reviens à la tête de la meute.

Bien avant de me retrouver au fond d'un trou en pleine montagne, j'ai été un enfant solitaire, un peu geek, passionné de Manga. J'aimais le côté sauvage de Wolverine, j'admirais le sens de l'éthique de Captain America. Allongé à plat ventre sur la moquette verte toute bouloché de ma chambre, je réfléchissais à ces super héros avec le sentiment que c'était quand même un peu de la triche. Chacun d'eux avait un super pouvoir, un don inné qui leur permettait d'accomplir des actes extraordinaires sans craindre la mort, la souffrance ou la peur elle-même. Et je me disais que si j'étais né avec ce genre de pouvoir, j'aurais pu en faire autant qu'eux, et même plus encore !

A cette époque, je m'identifie plutôt à Bruce Wayne. Orphelin de père, je grandis seul avec ma mère et ma grand-mère, qui décède l'année de mes 13 ans. Je n'ai pas de pouvoir particulier, sauf celui de pouvoir passer des heures entières à lire, et à écrire des poèmes que je ne montre à personne. Je tiens à ma réputation de thug à l'époque, et écrire des poèmes ne cadre pas vraiment là-dedans.

Je me suis fait virer de plusieurs écoles publiques, pour bagarres ou mauvais comportements, avant de finir dans le privé avec un pote à moi. A nous deux, on forme le duo de caillera charismatique du collège. On m'a collé une étiquette de cancre du fond de la classe, et je ne cherche pas à la décoller.

Je suis trop occupé à m'inventer un père. Un type extraordinaire qui voyage à l'étranger pour ses affaires, toujours en jet privé, qui dort dans des hôtels de luxe et côtoie les grands de ce monde. Je suis comme Keyzer Söze en fait, j'invente mon père au fur et à mesure des images qui défilent devant moi, des bribes de conversations d'adultes que je capte ici et là, et des expressions impressionnées de mes copains d'école.

Mais au fil des années, il a fallu me rendre à l'évidence. Les images ne suffisent plus pour cacher l'absence de mon père, et Keyzer Söze commence à révéler sa véritable identité. Mon père n'est pas un espion de la CIA ou un patron du CAC 40, il est juste parti avant ma naissance.

A 20 ans, je suis perdu et à la dérive. Et c'est à ce moment-là que je ressens le besoin de le retrouver. Comme si je devais revenir sur mes pas pour avoir une chance de trouver mon chemin.

Nous sommes alors en 2003, la Tunisie est inondée par des pluies torrentielles qui menacent de provoquer de violentes révoltes dans les quartiers populaires du pays, dévastés par les rigueurs de la nature. J'atterris à l'aéroport de Tunis, sans être invité, ni même attendu. J'ai réussi à trouver son numéro grâce à un ami. Mon père est tunisien, il est désormais installé à Tunis et remarié. Il a deux autres enfants, déjà adultes. Je m'installe dans le premier hôtel disponible sur ma route, et m'empare du téléphone. La pluie battant sur la fenêtre de ma chambre fait comme un roulement de tambour alors que je compose son numéro. C'est sa femme qui répond. Je me présente, simplement, et explique que je souhaite le voir. Elle me fait patienter quelques minutes, puis m'annonce qu'il est absent. Je souris. Je connais l'absence, je suis né avec. La pauvre, elle ne sait pas sur qui elle est tombée. Ça fait 20 ans que je rumine ce moment, alors je ne vais pas abandonner au premier round. Je rappelle au moins 4 ou 5 fois, jusqu'à ce qu'il accepte enfin de me parler et de me rencontrer.

Quelques heures plus tard dans un café de la ville, je me retrouve face à un homme, un étranger. Un type avec qui je n'ai à priori rien en commun mise à part peut-être quelques expressions faciales. Il ne m'a pas vu naître. Il n'était pas là à mes premiers pas. Il ne m'a pas appris à faire du vélo, de l'escalade ou du poney. Il était absent quand ma mère ouvrait les rappels de factures en pleurant, ni quand la conseillère d'orientation voulait m'envoyer en sidérurgie.

Face à cela, j'ai deux options : la haine ou le pardon. Et en parlant avec lui, je réalise la chance que j'ai eue d'avoir été élevé par ma mère, ma tante et ma grand-mère. Des femmes qui m'ont entouré d'amour et de bienveillance, et qui m'ont ouvert la voie. Je ne réécrirai pas mon passé, mais j'ai tout pouvoir pour écrire mon Histoire. Je n'ai pas du tout envie que mon père détruise par son absence ce que d'autres ont mis des années à bâtir par leur présence.

Après notre première rencontre, je pars faire le tour de la Tunisie en sac à dos, pour voir du pays, m'imprégner de ses odeurs et de ses paysages. Je revois ensuite mon père une dernière fois avant de rentrer en France. Je ne dis rien, il ne dit rien non plus, mais s'il y avait une langue invisible dans l'univers elle parlerait à notre place pour dire qu'on est bien trop fiers pour pleurer, bien trop cons pour pouvoir dire « je t'aime » et pas assez honnêtes pour nous dire qu'on n'a pas spécialement envie de se revoir.

Pourtant, même sans se dire toutes ces choses, cette dernière conversation avec mon père restera la plus grosse punchline de ma vie, un échange inoubliable qui m'a propulsé comme un homme canon dans le Karma... Dans l'avion du retour, je me dis que la boucle est bouclée.

RÈGLE KARMA N°3

N'importe quelle forteresse peut être transformée en prison et n'importe quel obstacle peut être retourné contre lui-même.

CHAPITRE 2

DE PANAME À GOTHAM

Contrairement à Superman qui est né avec un super pouvoir et dont l'identité de Clark Kent n'est qu'une couverture, Bruce Wayne est né comme n'importe quel autre être humain et son nom est sa véritable identité. Si ses parents n'avaient pas été tués sous ses yeux quand il avait 12 ans, par un type armé dans une rue malfamée un soir d'hiver, sans doute n'aurait-il jamais eu l'idée de devenir Batman. Mais le Karma l'a éprouvé, et même s'il a été tenté de s'écrouler, il a vite compris que rester prostré dans son manoir, couché sur ses millions, ne l'avancerait à rien. Et ne ferait pas avancer la société. C'est comme ça qu'il a décidé de prendre un autre chemin, celui des combattants pour la justice...

A 18 ans, je suis engagé dans des chemins très mal fréquentés. Au point qu'un jour, je me retrouve face à un choix : rester à Paname et finir entre quatre murs, ou bien viser Gotham et rejoindre La Ligue des Ombres.

Je tente le tout pour le tout, et décide d'intégrer l'armée. J'ai déjà fait mes classes, alors je vais à Versailles pour m'engager. On me dit : « OK, mais sans diplôme vous allez laver les assiettes. » Pas de problème ! Ce que je veux, c'est rejoindre l'armée, alors s'il faut laver des assiettes pour ça, je le ferai.

En fait, il faut que je vous dise : j'avais déjà un plan derrière la tête... Les assiettes, je n'allais pas les laver longtemps ! Je savais très bien que je n'avais aucun super pouvoir, mais un vrai potentiel à exploiter. Et que si, comme Bruce Wayne dans La Ligue des Ombres, on me donnait l'occasion de m'entraîner avec les meilleurs, je deviendrai un warrior, je passerai de Paname à Gotham, de Looserman à Batman.

Et c'est quand on est prêt à le recevoir, que le Karma envoie les meilleures opportunités.

Le « Karma », c'est le terme universel utilisé dans ce livre, dans lequel tout le monde peut mettre ce qu'il y souhaite, de sacré ou de profane, tant que ça lui parle.

En l'occurrence, le mien de Karma a mis à ce moment-là sur mon chemin une personne qui allait tout changer dans ma vie. Une femme qui m'a reçu dans son bureau à Versailles et à qui j'ai exposé ma requête.

Je le sais, la flèche ne s'arrête pas quand elle chemine vers sa cible. Alors j'y suis allé franco : « Madame, c'est très simple, si je sors d'ici sans solution, je vais me retrouver en prison, ou bien je vais m'enfoncer encore plus loin dans les conneries pour éviter la prison. L'armée, c'est ma dernière chance. Et je sais que je donnerai le meilleur de moi-même car je n'ai pas d'autre échappatoire. »

Dans la vie, soit tu acceptes d'être l'esclave de ton environnement, de ton histoire ou de ton quotidien, ou tu prends conscience que le changement ne peut venir que de toi, et tu te bouges en faisant un truc de folie, une action de malade qui va tout bousculer.

C'est ce que j'ai fait en suppliant cette dame de m'intégrer à l'armée. Je n'en n'avais rien à cirer de mon égo ou de ma zone de confort, ma décision était prise. Et c'est justement ma détermination qui a poussé cette femme à m'aider.

Elle m'explique tout sur l'armée, son fonctionnement, ses corps de métier, ses opportunités, ses portes fermées. Concrètement, trois options s'ouvrent à moi. La première, c'est de devenir Légionnaire. Le corps de l'armée où s'engagent les profils les plus hardcore de la société, où l'on retrouve des types qui ont tué, braqué, violé, et à qui on a fait la promesse suivante : « Tu t'engages, et on te lave de tout, plus de trace. On te forme, et ensuite on t'envoie buter des gens à l'autre bout du monde ».

La seconde, c'est de rentrer chez les paras. Problème : il faut un diplôme. Sauf si j'accepte d'aller en Martinique ou en Guadeloupe où les besoins sont immenses en raison de troubles sociaux et politiques, mais où personne ne veut aller.

Cette solution me tente bien, mais je dois m'engager pour 15 ans, en signant d'emblée trois contrats de 5 ans chacun pour prouver ma motivation. Comme je suis déjà un passionné de sport, et notamment de sport de combats, ma bienfaitrice m'assure que cela peut jouer sur mon CV et faciliter mon intégration.

Je suis prêt à signer, mais ce qui me retient, ce sont les larmes de ma mère quand je lui parle du projet. Elle ne veut pas que je parte si loin, si longtemps.

Je laisse tomber et me tourne vers la troisième option qui m'a été proposée, celle de rejoindre les commandos alpins. Il y a beaucoup de besoins à ce moment-là, car il n'y a pas assez de commandos pour les chantiers de guerres qui se préparent dans les montagnes. Pendant longtemps, ce corps de l'armée a été réservé aux ingénieurs, et personnes hautement diplômées. Mais les temps ont changé et les ingénieurs d'aujourd'hui n'ont plus envie de travailler dans l'armée. La femme m'explique qu'elle peut me faire rentrer en tant que cuisinier, et qu'ensuite il me sera plus facile de pirater le système de l'intérieur, et de monter en grade. Le rythme dans les commandos alpins est beaucoup plus souple que pour les paras. Quinze jours de mission, puis quinze jours de repos. Il n'en faut pas plus pour me signer.

Prochaine affection dans 4 mois. En attendant, je décide de quitter l'école en plein milieu de l'année. Comme j'ai un pote qui est chef cuisto dans un hôtel à Paris, je lui demande de m'engager pour quelques mois. C'est une sacrée aubaine qui me permet de me faire la main en cuisine, et de gagner de l'argent avant de partir. L'expérience est d'ailleurs plus que concluante. J'aime beaucoup la cuisine et je suis plutôt doué, je délire avec mon pote et je reste dormir à l'hôtel quand je finis trop tard mon service.

Quatre mois plus tard, je quitte le manoir Wayne avec mon sac à dos et ma mère derrière moi pour partir à l'armée.

Et là... C'est la révélation de ma vie. La folie! L'armée devient pour moi une colonie de vacances, avec des guns, des munitions, des grenades, des rangers et des tentes. On m'apprend à tirer, à respecter les ordres, à développer mes capacités physiques et mentales.

C'est bien sûr là que je rencontre le fameux commandant, mon mentor de guerre, qui est aussi féru de course et qui participe aux championnats du monde de marathon. Il me prend sous son aile et me fait un programme pour que j'apprenne à développer mon endurance, à augmenter mes capacités physiques. Mais surtout, surtout, j'apprends à développer mon mindset[1]. Je me dis : « Tu veux devenir le meilleur, développer un corps de spartiate et un mental d'acier, alors pour cela tu dois prendre de nouvelles habitudes, et adopter une nouvelle discipline. »

RÈGLE KARMA N°4

Choisis la douleur de la discipline plutôt que la facilité de la distraction.

Je fais de la musculation, du tir, de la course. Je m'entraîne énormément, et je suis toujours le premier à courir avant que les autres ne commencent leur entraînement. A force, je deviens très bon en course, je bats tout le monde. J'ai développé le même mindset que Michael Jordan. A l'université, il n'était pas le meilleur, loin de là. Il avait beaucoup de lacunes. Mais il a vite

1. État d'esprit

compris, notamment grâce à son entraîneur, que les lacunes pouvaient être dépassées et vaincues par l'effort, la constance et la persévérance. Jordan s'entraînait tous les jours, cinq ou dix minutes avant tout le monde, et après tout le monde.

Tu dois sûrement te dire « 5 minutes, c'est une blague ? Ça ne sert à rien 5 minutes! »

Eh bien sache que ces quelques minutes ont fait de lui une légende du sport. Non seulement le corps prend de bonnes habitudes, mais l'esprit développe également un moral d'acier, à s'entraîner avant et après les autres, seul face à lui-même.

Les bases du mindset de guerrier, je les ai apprises à l'armée. On m'apprend non seulement à faire de mon corps une arme de guerre, mais on m'enseigne aussi que la vraie force d'un homme est à 80% dans sa tête.

Je me souviendrai toujours d'un des types de mon escadron, tellement balèze qu'on l'appelle « La Bûche ». Il est immense, et bâtit comme un bodybuilder. Un jour, on grimpe une montagne pour un exercice et La Bûche pète un plomb. Il se met à arracher des plantes, à se rouler par terre, et finit par se recroqueviller en pleurant sur le sol en position fœtale. Notre instructeur nous commande d'attendre que la crise passe. Puis de prendre son sac et porter sa charge, car c'est ça le véritable esprit de cohésion dans un groupe.

La Bûche avait beau être le plus fort d'entre nous, son moral n'a pas tenu. D'ailleurs, sa force physique était même devenue un handicap, car il avait plus de poids à porter que tous les autres, et n'avait pas l'agilité et l'endurance des mecs plus légers qui courraient et grimpaient les montagnes plus vite et plus facilement.

Après s'être entraîné pendant des années au sein de La Ligue des Ombres au Tibet, Bruce Wayne est devenu le meilleur de tous en sport de combat. Mais il va s'apercevoir que les membres de la Ligue ne sont pas des gentlemen, et qu'au contraire ce sont des mercenaires sans éthique qui utilisent leur force et leurs connaissances pour faire le mal. Il décide de les quitter, et Ras'al Ghul, leader de la Ligue, devient alors son pire ennemi.

On m'a convoqué un jour avec d'autres pour une mission au Kosovo. Cette fois-ci, ce ne sera pas un exercice ni une simulation. Il faudra vraiment aller dans un village au milieu des montagnes pour récupérer une balise ennemie. Et comme cette balise ennemie ne se rendra pas toute seule, il faudra tuer tous ceux qui la protégeront. Hommes, femmes et enfants.

C'est à ce moment-là que la colonie de vacances a pris fin pour moi. C'est devenu concret, violent. Les paroles de mon commandant me sont revenues en pleine figure: « Quand tu tues un homme, tu décuples le courage de dix autres. Quand tu estropies un homme, tu sapes le moral de dix autres. Tire pour estropier, non pour tuer. »

J'ai senti tout simplement que je n'étais plus aligné avec mes valeurs, et qu'il fallait que je change de chemin. C'est comme ça que je suis parti de l'armée, et que je suis rentré chez ma mère.

C'est très simple, dans la vie il y a des choses sur lesquelles tu peux mettre un prix et qui peuvent se vendre ou s'acheter. Et il y en a d'autres qui sont inestimables, parce qu'elles touchent à la nature profonde de l'être humain, à ce qu'il ne pourra jamais acheter ni vendre. Les valeurs en font partie. Si tu transiges sur une de tes valeurs pour obtenir un gain quel qu'il soit, tu l'obtiendras très certainement. Mais au lieu d'un cadeau, il deviendra un fardeau pour toi. Et plus tu tourneras le dos à tes valeurs pour avancer – car quand on l'a fait une fois, on a cent fois plus de risques de le faire à nouveau – plus le chemin deviendra escarpé, dangereux. Ton corps va se fatiguer, ton cœur va se durcir et ta vie va prendre une tournure qui ne te rendra pas heureux.

RÈGLE KARMA N°5

Reste aligné avec tes valeurs.

Comment savoir si tu es aligné avec tes valeurs ? Je te propose un exercice tout simple, à la portée de n'importe qui : Prends un moment dans ta journée pour aller t'asseoir sur un banc, seul, au milieu d'un parc. Ferme les yeux, respire profondément. Au bout de quelques secondes, quand tu te sens le plus à l'aise, pose-toi ces trois questions : « Est-ce que la vie que je mène aujourd'hui correspond aux valeurs que je prône et auxquelles je tiens ? Est-ce que je me sens en cohérence ? Est-ce que mon corps, mon cœur et mon esprit sont bien alignés sur la même ligne ? » En sortant de ce parc, tu sauras. Et il ne te restera plus qu'à agir, ou te réjouir.

Quand j'étais gamin, je me disais qu'être un super héros avec un super pouvoir, c'était un peu de la triche. Aujourd'hui j'en suis sûr : « À vaincre sans péril on triomphe sans gloire[1] ». Le super héros qui est né avec un super pouvoir, qui n'a pas la crainte de la souffrance, du sang et de la mort, en fait c'est un super looser. Le vrai super héros, c'est le type qui n'a pas de pouvoir, mais qui s'en fabrique un tout seul dans sa cave. C'est

1. Citation issue de l'ouvrage classique « Le Cid » de Corneille

le looser qui a de la ténacité, qui se bat, qui monte les marches même s'il doit ramper, et qui affronte les souffrances de la vie en faisant tout pour garder le cap, sans jamais transiger sur ses valeurs. C'est celui qui a la rage de devenir ce pour quoi il est venu au monde.

CHAPITRE 3

B PLAN KILLED THE A PLAN

Pays de Wu, Chine. 512 av J.-C.

Un petit village de pêcheurs au bord du Fleuve Bleu est peuplé d'irréductibles chinois qui résistent contre l'Empereur, empêchant ses troupes de rallier le Pays Wu au Pays Chu par le fleuve. Ils ne sont que de simples pêcheurs, mais ils ont en eux la flamme de la détermination. Leurs forteresses de bois, de pierre et de chaux leur assurent une protection efficace et rien ne semble pouvoir affaiblir leur rébellion. Encerclés, ils n'ont plus rien à perdre, et sont prêts à se battre jusqu'au bout.

L'Empereur Chu envoie alors son meilleur général. Celui dont la réputation suffit à faire trembler les plus grands guerriers. Celui dont on ne connait aucune défaite, capable de soumettre une ville entière sans déplorer aucune perte dans ses troupes... Le général Sun Tzu.

Originaire du pays de Qi en Chine, le général Sun Tzu serait né en 544 avant J.-C. et mort en 496 avant J.-C.

On ne sait que très peu de choses sur sa vie, mais le monde entier a retenu son nom grâce au très célèbre traité militaire qu'il a rédigé et qui s'intitule « L'art de la guerre ». Si l'on traduit littéralement du chinois, le livre s'appelle en réalité « Méthodes militaires de Maître Sun ».

Arrivé avec ses hommes aux abords du village d'irréductibles, le général Sun Tzu utilise sa méthode imparable pour vaincre en minimisant les pertes : Pénétrer dans le village en y pratiquant des brèches, afin que les villageois puissent s'enfuir. Maître Sun dit en effet que lorsqu'un village est encerclé, sans possibilité de fuir, alors les villageois se battent avec l'énergie du désespoir, et leurs forces sont décuplées au point qu'un seul homme en vaut 10. Avec des brèches, les villageois sont beaucoup plus tentés de s'échapper pour préserver leur vie, plutôt que rassembler leur courage et combattre. Et c'est ainsi que le village du Fleuve Bleu tira sa révérence et se soumit à l'Empereur.

L'idée principale développée par Sun Tzu dans « L'art de la guerre » est que pour s'assurer la victoire, il faut tout mettre en œuvre pour contraindre l'ennemi à abandonner la lutte, si possible sans combat, grâce à la ruse, l'espionnage, une grande mobilité et surtout une adaptation à la stratégie de l'adversaire. L'objectif étant de s'assurer une victoire au moindre coût, humain et matériel. Il disait que : « Le meilleur savoir-faire n'est pas de gagner cent victoires dans cent batailles, mais plutôt de vaincre l'ennemi sans combattre. »

Imagine que ta vie soit le village du Fleuve Bleu. Tu es à l'intérieur, encerclé. Tu as une idée, un grand projet. Tu vas te battre avec l'énergie du désespoir pour le réaliser, car tu n'as pas d'autre choix. C'est ça ou la mort. Il n'y a pas de brèche, juste une promesse de liberté. Ça, c'est quand tu as un plan A. The one, l'unique objectif de ta vie, car c'est celui-là qui compte vraiment pour toi.

Mais si tu es dans ton village, avec ta grande idée, et que quelqu'un ouvre une brèche... Alors la tentation de fuir sera trop forte. La brèche sera l'excuse idéale pour ne pas être allé jusqu'au bout de ta révolte et de ta gloire. La brèche, c'est quand tu as un plan B. Sauf que dans la vie, aucune victoire ne s'obtient par la fuite. Et le plan B n'existe pas, il n'est qu'une excuse pour ne pas réaliser le vrai plan, The A Plan.

Plusieurs années avant de lire « L'Art de la Guerre », j'ai connu l'absence de brèche, et la volonté de me battre avec l'énergie du désespoir.

Je suis jeune, plein d'énergie, de potentiel et d'ambitions mais je manque d'outils et de moyens pour les réaliser. Par ennui, par défaut, je plonge la tête la première dans la délinquance qui m'assure un certain train de vie.

Je vais tous les soirs au restaurant. Comme dans Le Parrain, mes potes et moi avons une table réservée au fond d'un restaurant italien du quartier. Le patron nous laisse accéder à la cour intérieure pour parler business à l'abri des oreilles indiscrètes. Evidemment, on l'arrose généreusement en pourboires chaque soir.

Un jour, l'un de nous se fait soulever. Quand il ressort de garde à vue il nous raconte que les flics l'ont interrogé pendant des heures dans un bureau où les murs étaient recouverts de photos, comme dans une chasse à serial-killer. Le type me prévient: « Tout en haut de leur montage photos, il y avait vos têtes, à toi et ton pote. Apparemment, ils ont installé une planque devant le resto depuis plusieurs semaines. » Tout ça va mal finir, l'étau se resserre sur moi. Ce n'est plus qu'une question de jours, ou de semaines, pour que je me fasse arrêter et que je finisse entre quatre murs.

Voilà comment je me suis moi aussi retrouvé dans le village du Fleuve Bleu, encerclé par les troupes du général Sun Tzu. Sans brèche, sans échappatoire. Entre la prison ou le combat, j'ai choisi. J'ai choisi de me battre. Au sens propre comme au figuré. Car la seule solution que j'ai trouvée, c'est l'armée. The A plan...

RÈGLE KARMA N°6

Quand tu tournes en rond, casse le cercle.

Le meilleur moyen d'obtenir du Karma ce que l'on veut, c'est d'être convaincu qu'on va l'obtenir. Le général Sun Tzu dit, dans « L'Art de la Guerre »: « Une armée victorieuse l'est avant même de chercher le combat. Une armée vouée à la défaite se bat sans espoir de vaincre. »

A l'armée, après avoir fait mes classes comme un enfant en camp de vacances, arrive le moment de l'incorporation. Il se passe alors un truc fou : on m'oublie. Il y a eu un changement de gradés, et on me zappe totalement. Plutôt que d'y voir un coup de malchance, je le prends au contraire comme le moyen rêvé de me mettre en position de force pour choisir mon incorporation. Alors durant cette journée, je fais le mort. Je range ma chambre, je pars courir puis vais manger avec les autres. Tous mes potes sont là, et ont reçu leurs affectations. Nous sommes deux à être passés au travers, un type qui avait fait des démarches pour devenir gradé, et moi. Pendant quelques temps, on décide de ne se préoccuper de rien. On sort en ville, on déconne, on prend du bon temps. Puis, au bout de quelques semaines, je trouve que la situation a assez duré et qu'il est temps d'y mettre un terme. Je demande à voir le commandant et lui explique que je suis dans ma chambre depuis 1 mois sans être affecté. Furieux, mais surtout bien emmerdé qu'ils aient pu faire une telle erreur, il tente de me coller en cuisine dans un camp en pleine montagne qui se retrouve justement en rade d'un cuisinier. Mais moi, j'ai mon plan A et j'entends bien le mener jusqu'au bout : « Mon Commandant, je vous le dis tout de suite, ça ne va pas se passer comme ça, avec tout le respect que je vous dois. Je ne suis pas venu à l'armée pour faire de la cuisine. Je me suis engagé pour être dans le peloton de sécurité, c'était le deal de départ. Alors je veux être inscrit dans un peloton de sécurité, celui de mon choix. »

Le peloton de sécurité, c'est le poste idéal. Pas besoin de diplôme, il s'agit principalement de garder la caserne, passer le permis pour pouvoir être chauffeur, et se mettre au service d'un gradé.

Il se trouve qu'à l'époque, j'avais repéré un type qui m'impressionnait beaucoup, et que je rêvais d'avoir pour mentor. C'était un fou de guerre, un genre de Clint Eastwood french version qui débarquait à la caserne en chiens de traineaux, qui avait fait l'Irak, et qui partait en mission comme s'il allait aux sports d'hiver. Je dis au commandant que je souhaite être affecté avec lui.

Il réfléchit pour la forme, mais il n'a pas le choix, je suis en position de force. J'obtiens donc l'affectation.

La magie du plan A, c'est qu'il fait naître en toi une détermination de guerrier, une motivation de samouraï. Et c'est là que le Karma va t'ouvrir des portes inattendues pour que tu atteignes ton objectif. Souvent, ce sont des portes qui te mèneront sur des chemins tortueux, parfois flippants, plein de ronces et de chauves-souris, mais sur lesquels vite tu avanceras, ta force grandira, ta sagesse augmentera, et the A plan tu accompliras!

Contrairement à ce que le plan B, cet imposteur, voudrait te faire croire, c'est ta zone de confort qui est l'endroit le plus dangereux au monde pour toi, car tu n'y tentes plus rien. C'est à peine si tu continues de rêver...

Tu préfères vraiment ne pas prendre de risque? Faire un crédit, acheter une Citroën, des meubles Ikea et occuper tes soirées devant Walking Dead... Ça parait rassurant tout ça, mais en fait c'est un péril caché. Car l'énergie que tu vas mettre dans la recherche d'un CDI, puis pour garder ton CDI, aurait pu être tout aussi bien dépensée à sortir de ta zone de confort pour viser plus haut.

En 2016, l'ONG Oxfam publiait un rapport stipulant que 1% de la population possédait un patrimoine plus élevé que les 99% restants de la population mondiale.

Le rapport révélait également que 62 personnes dans le monde – dont 4 français – possèdent plus que 3.5 milliards d'individus.

Rhett Power, membre des 1%, est un businessman américain qui a co-fondé en 2007 une start-up de jouets devenue dès 2010 l'entreprise au succès le plus fulgurant en Caroline du Sud. Rapidement, elle s'est imposée dans le classement des businesses les plus florissants, en raflant au passage des prix nationaux pour l'originalité des produits vendus.

Aujourd'hui, Rhett Power est non seulement un chef d'entreprise à succès, mais aussi un auteur de best-seller et un coach reconnu.

Dans un de ses articles, Rhett Power a décrit « 8 choses que les 1% font et que ne font pas les 99% » :

- **Définir ses objectifs de vie** : Cela permet de rester concentré et motivé.
- **Prioriser** : Pour travailler sur ce qui est vraiment important en laissant de côté le reste.
- **Planifier** : Décider de ses stratégies et actions à l'avance, et les appliquer au moment voulu.

- **Se protéger** : Principalement des distractions et des choses qui peuvent nous faire dévier de nos objectifs de vie.
- **Agir** : La procrastination est l'ennemi n°1 de celui qui entreprend. Au lieu de repousser les tâches à plus tard, les 1% agissent dans l'instant.
- **Recevoir les critiques** : Qu'elles soient bonnes ou mauvaises, les 1% se nourrissent des critiques et des feedbacks qu'on leur fait, ils s'en inspirent pour s'améliorer et avancer.
- **Apprendre** : S'instruire, encore et toujours, voici une des clés de la réussite. Rhett Power précise d'ailleurs qu'un chef d'entreprise de base lit en moyenne 50 livres par an, soit un livre par semaine.
- **Passer à l'action** : Savoir quoi faire n'est pas compliqué, la majorité des gens savent ce qu'il faut faire pour réussir, pour avancer. Mais la différence entre les 1% et le reste, c'est qu'ils ne se contentent pas de savoir, ils passent à l'action.

Rhett Power conclut son article ainsi : « Faire part des 1% n'est pas une affaire de chance. Tout est une question de décisions, de concentration et de discipline »

Maître Sun pour la guerre, Rhett Power pour le business... Les règles sont formulées différemment mais rejoignent le même but : atteindre son objectif.

Les gens croient souvent que tout est une question de chance, d'opportunités qui tombent du ciel, ou d'une prise de conscience soudaine. Mais tout ça, ce sont des mythes, comme la licorne. Plus tu crois en ces mythes, plus tu t'enchaînes à eux et moins tu agis. A l'origine, tu es un lion ou une lionne, mais comme on t'a trop longtemps dit que tu étais un rat ou un cafard, tu as fini par y croire. Tu attends qu'un jour quelqu'un vienne te secouer, te montrer la voie et te pousser dessus. Alors qu'en vérité, cette personne c'est toi.

Bruce Wayne est peut-être né avec une cuillère d'argent dans la bouche, mais il n'a hérité d'aucun super pouvoir. Il était impuissant à 12 ans quand un malfrat a tué ses parents devant ses yeux. C'est en voulant fuir sa souffrance qu'il est tombé dans un trou dans une forêt, et qu'il s'est retrouvé au milieu des chauves-souris. Au début il était pété de trouille, mais ensuite il s'est laissé porter par leurs ailes pour remonter vers la lumière. Il n'a pas attendu qu'on vienne lui dire ce qu'il devait faire, et il n'avait plus de parents pour lui montrer la voie. Sa volonté, il l'a construite en gardant en tête un unique objectif, celui d'agir contre le mal. Sa force, il l'a obtenue par l'entraînement et par la constance. Car la constance est plus forte que le talent, c'est l'ancien cancre qui te le dit. Le gamin au fond de la classe qui n'avait pas de père pour le protéger et le guider, qui voyait le monde aussi noir et hardcore que la Batcave, qui avait bien compris qu'il n'avait pas de talent, mais qu'en travaillant dur, en fournissant des efforts constants, il pouvait pirater le Karma et faire partie des meilleurs.

RÈGLE KARMA N°7

La persévérance est la force des faibles.

Tu as peut-être lu à l'école, ou dans ta vie d'adulte, la fable **« Le lion et le rat » de La Fontaine.** Ecrite sous forme d'une poésie, comme beaucoup d'autres fables du même auteur célèbre, elle se termine par un dicton qui est entré dans le langage commun : « Patience et longueur de temps, font plus que force ni que rage. »

Concrètement, qu'est-ce que cela signifie ? Lorsque le lion est pris dans un filet, sa force et ses rugissements n'y peuvent rien. Lui qui a l'habitude d'être le plus fort, il va être secouru par un simple rat qui, à force de ronger consciencieusement une des mailles du filet, va faire céder toutes les autres et libérer ainsi le lion de sa cage.

Dans ta vie, tu rencontreras toujours des personnes plus fortes et plus puissantes que toi. Des gens qui vont plus vite, qui ont un talent inné qu'ils exercent facilement. Mais tu remarqueras aussi que, souvent, ces personnes-là ont tendance à se reposer sur leurs lauriers, et à se décourager devant les embûches et les obstacles. Un jour, elles peuvent même carrément baisser les bras et ne plus fournir d'effort. A ce moment-là, elles échoueront et ni leur force, ni leur talent ne les sauveront.

A l'inverse, il y a des personnes comme toi et moi qui vont accumuler une série de petites actions, qui prises une par une, peuvent paraître insignifiantes. Comme lorsque le rat se met à ronger avec ses dents une seule maille d'un immense et solide filet, qui, grâce à une succession de mailles rongées une par une, finit par céder.

La persévérance, c'est faire une série de choix minimes mais intelligents et stratégiques qui, couplés avec la constance, vont finir par donner d'immenses bénéfices. La constance et la persévérance sont résolument les meilleures armes du faible, et de celui qui n'a pas les moyens intellectuels, physiques ou matériels pour construire une tour en un seul acte. De celui qui va savoir attendre, patienter et continuer ses efforts jusqu'à ce qu'il en goûte les fruits.

CHAPITRE 4

LE POUVOIR DE L'INTENTION

Quand on interrogeait Walt Disney, avant même qu'il débute sa carrière, sur ce qu'il aimerait faire de « si extraordinaire » plus tard, il levait les yeux au ciel pour visualiser l'avenir et répondait : « Je ne sais pas. Mais je vois beaucoup de lumières, et des milliers d'enfants sourire. » La suite, nous la connaissons tous.

« Pour réaliser une chose vraiment extraordinaire,
commencez par la rêver. »
— Walt Disney —

La première fois que je parle concrètement d'avenir avec un adulte, il n'y a aucune part pour le rêve. C'est une sorte de vieille fille sortie tout droit des années 80, coupe au carré et lunette cerclées, qui me reçoit dans son bureau gris et déprimant. Elle est conseillère d'orientation, et je place beaucoup d'espoir en elle. Sauf que dès les premières minutes, je comprends très vite que ce n'est pas réciproque. Je lui parle d'écriture, de créativité et de nature, elle me répond sidérurgie et agent de la voirie. « Mais madame, vous ne comprenez pas que moi j'aspire à autre chose que planter des géraniums sur des ronds-points... » Elle me répond que travailler dans un établissement, ça peut être bien aussi. La vérité est qu'elle avait clairement des commandes dans ces domaines-là, et s'en tapait complètement que je puisse avoir un quelconque potentiel. Une briseuse de rêve qui m'aura tout de même appris une règle essentielle du Karma.

RÈGLE KARMA N°8

Ne demande de conseils qu'à ceux qui sont au niveau que tu souhaites atteindre.

Mon potentiel, c'est une de mes mentors qui me l'a révélé. A l'époque où j'écrivais sur tout, tout le temps. Des poèmes principalement. Sauf qu'on ne peut pas être un thug et écrire des poèmes, c'est incompatible. En tout cas, c'est ce que je pensais à ce moment-là donc je m'étais bien gardé de les faire lire à qui que ce soit.

Et un jour, ma prof de français m'a grillé. Elle m'a vu écrire un truc dans mon coin, et a été intriguée par le fait qu'une caillera comme moi puisse passer du temps à écrire.

Elle a sacrément insisté avant que j'accepte de lui dire que j'écrivais des poèmes puis que je daigne lui en faire lire un.

Je me souviens encore de sa tête quand elle l'a lu, de son visage qui se décomposait au fur et à mesure. Elle m'a demandé si quelqu'un m'avait aidé à écrire tout ça. J'ai dit que non.

Elle me rétorque qu'elle n'en revient pas de ce qu'elle lit. « Ce que tu as produit là c'est extraordinaire! Il y a des figures de style, c'est travaillé... ». Je sens que ça se bouscule dans sa tête, et je vois dans ses yeux que son regard sur moi a totalement changé. Je lui explique que je lis énormément depuis des années, et que je m'imprègne de toute cette matière qui nourrit mon écriture, en modélisant les figures de style des grands auteurs. J'écris aussi parce que la vie m'inspire.

Mon style sombre et torturé l'ébranle profondément, je le sens dans sa manière de me regarder. Et je crois que d'une certaine manière, c'est aussi cela qui l'a poussée à me prendre sous son aile.

Ma prof m'affirme que j'ai le potentiel pour devenir excellent en français. Mais pour ça, il faudra que j'accepte de fournir des efforts et de suivre ses enseignements. Au début, je ne suis pas chaud du tout. Je cherche à me convaincre que c'est ma réputation que je veux sauver, mais au fond de moi je sens que c'est autre chose qui me retient. Pour la première fois de ma vie, j'expérimente la peur de réussir, qui est plus forte encore que celle d'échouer. Ma prof est fine et intelligente, elle comprend très bien ce qui se joue en moi. Elle me dit : « Chaque élève dans cette classe peut devenir un Van Gogh, un Marc Aurèle, ou un Mohammed Ali, chacun dans son domaine. Et toi ? Qui es-tu pour priver le monde de ta lumière ? »

A partir de là, je la laisse devenir mon mentor. Elle me demande de lire le dictionnaire en entier, je le fais. Elle me bombarde d'exercices, je les fais. Et c'est comme ça qu'en deux ou trois mois, je deviens imbattable en français.

Il y a une fille dans ma classe qui était jusque-là la meilleure dans toutes les matières. Elle avait le profil déléguée de classe, qui s'assoit toujours devant, imprime les polycopiés, et récolte les meilleures notes à chaque contrôle.

Un jour, il y a eu un contrôle de français. La pauvre ne se méfie pas, elle a la confiance des premiers. Mais c'était sans compter sur la machine de guerre du fond de la classe. A la distribution des notes, je termine premier, et de loin. Elle se met alors dans tous ses états, devient rouge, pleure à chaudes larmes et demande à sortir de la classe.

Je comprends alors, que cette fille s'est toujours reposée sur son talent, qu'elle n'a jamais eu besoin de fournir d'efforts pour être la meilleure, ni n'a eu de vrai adversaire en face d'elle. Elle s'est contentée de sa place de première et est partie du principe qu'elle la garderait toujours.

Un peu comme Superman dont la puissance est innée, acquise. Dans son combat contre Batman[1], quand ses pouvoirs sont affaiblis par la Kryptonite c'est Batman qui prend le dessus. Car lui n'a pas de super-pouvoir, alors il s'est entraîné pendant des jours et des années dans sa cave, à soulever des poids, à taper dans des pneus. Il faut plus qu'un produit vert pour le mettre à terre.

En voyant la réaction de cette fille, je me dis que les leaders, les vrais, ne sont pas effrayés par le changement. Ils ne reculent pas devant l'adversaire, au contraire ! Ils le cherchent sans cesse, parce que c'est grâce à la compétition qu'ils deviennent meilleurs. Je découvre aussi la puissance des mentors. En quelques semaines, ma prof de français a fait de moi le meilleur parce qu'elle a su faire exploser mon potentiel. Et aussi parce que je l'ai laissée faire.

Je n'ai aucune idée des chemins qui m'attendent, ni quels détours le karma va me faire emprunter, mais je sais qu'un jour il y aura des gens autour de moi à qui j'aurais transmis quelque chose et dont la vie aura été complètement changée. Je me vois comme un éveilleur. De quoi ?

---

1. « Batman v Superman : L'Aube de la justice » de Zack Snyder, 2016

Je ne le sais pas encore. Mais un jour, le petit garçon que tout le monde voyait comme un cancre et un incapable, celui qui rêvait de Batman allongé sur la moquette de sa chambre, deviendra un homme qui agira pour servir l'humanité, d'une manière ou d'une autre.

RÈGLE KARMA N°9

Quand les gens quittent un mentor, ils doivent être meilleurs qu'au moment où ils l'ont rencontré. La mission d'un mentor est de créer plus de mentors.

Je vais vous raconter une histoire vraie.

Un jour, un petit garçon rentre de l'école et donne à sa mère une lettre rédigée par son professeur. Il ne sait pas ce qu'elle contient et ne comprend pas pourquoi on lui a remis. Sa mère décide d'ouvrir l'enveloppe et lit son contenu. Soudain, elle se met à pleurer. Le garçon demande à sa mère ce qui la met dans cet état. Elle lui répond : « C'est extraordinaire cette lettre, je vais te la lire car c'est vraiment incroyable », et elle lui lit le contenu de la lettre : « Madame, nous vous écrivons pour vous dire que votre fils est beaucoup trop intelligent pour sa classe, il a énormément de charisme et éteint les autres élèves qui se sentent diminués par tant d'intelligence. C'est pourquoi, pour ne pas défavoriser ses condisciples, nous vous proposons de lui trouver une autre école, une école de génies qui pourra accepter votre enfant et le gérer mieux que nous qui n'avons pas le niveau pour un tel potentiel. »

Le petit n'en revient pas, il demande à sa mère si c'est vraiment de lui dont la lettre parle. Elle confirme et lui dit à quel point elle est fière de lui. « Je vais trouver une solution pour t'inscrire dans la meilleure école, mais en attendant tu vas rester ici et je t'aiderai dans ton apprentissage. »

Le gosse a grandi, fait son bout de chemin, et a inventé deux-trois petites choses au passage, comme les ampoules par exemple, qui ont changé la vie de milliards de personnes dans le monde. Il est devenu Thomas Edison[1].

Quelques temps après le décès de sa mère, c'est en triant ses affaires qu'il retrouve la fameuse lettre de

---

1. **Thomas Alva Edison** (1847-1931) est un inventeur, un scientifique et un industriel américain. Fondateur de la General Electric, l'une des premières puissances industrielles mondiales, il est un inventeur prolifique (plus de 1 000 brevets). Pionnier de l'électricité, diffuseur, vulgarisateur, il est également l'un des inventeurs du cinéma et de l'enregistrement du son.

l'école et qu'il décide de la lire : « Madame Edison, votre fils est insupportable, c'est un véritable cancre. Il ne cesse de rêvasser, pose sans arrêt des questions mais ne comprend rien à ce qu'on lui dit. Nous ne pouvons plus continuer à gérer un individu comme lui, de ce fait nous le renvoyons de l'école. »

Si nous n'avons aucun moyen de savoir ce que serait devenu Edison si sa mère n'avait pas accompli cet acte extraordinaire, nous pouvons tirer des enseignements de cette anecdote. Aucun de nous n'est un sauveur, mais chacun de nos gestes, chacune de nos paroles peut faire la différence pour quelqu'un, de proche ou de moins proche. Le pouvoir de l'optimisme est extraordinaire. Certains chercheurs se sont même penchés sur la question de manière scientifique. Martin Seligman et Michel Lejoyeux, (ça ne s'invente pas !) pour ne citer qu'eux, ont observé les effets bénéfiques notables de l'optimisme sur le corps, la santé, la sociabilité, la capacité de résilience, et même la longévité.

Michel Lejoyeux est professeur de psychiatrie et d'addictologie à l'Université Paris VII. Pour lui, il y a neuf bienfaits qui découlent de l'optimisme :

- Être plus apprécié en société

- Avoir plus de chance de se marier et moins de chance de divorcer
- Avoir un plus grand nombre d'amis prêts à aider (alors qu'une personne pessimiste, vous l'aidez 1 fois, 2 fois, et au bout de la troisième vous laissez tomber)
- Être plus productif professionnellement
- Faire plus facilement face aux épreuves et difficultés
- Avoir un système immunitaire plus performant
- Une meilleure forme physique
- Se nourrir mieux
- Vivre plus longtemps

Martin Seligman quant à lui, chercheur en psychologie et professeur à l'université de Pennsylvanie a publié le 7 octobre 2010 une étude explosive intitulée « Positive Psychology, positive in even chance ». Dans cette étude, Martin met en avant et analyse les quatre effets de l'optimisme qui permettent de lutter contre le sentiment d'impuissance. Sentiment si ancré en nous, qu'il est devenu comme une croyance collective. C'est lui qui nous fait dire des choses comme « De toute façon, ça ne dépend pas de moi, je ne peux rien y faire », ou « C'est l'Etat qui décide, on ne peut rien contre les grandes puissances », ou encore « Vu le quartier d'où je viens, ce n'est même pas la peine de faire des études », et aussi « Je n'ai pas le niveau pour ce poste, je suis trop petit/gros/grand/bête », etc. Le sentiment d'impuissance règne en maître dans notre zone de confort. C'est même lui qui en dessine les contours, et ce sont ses troupes qui en gardent les frontières. Plus le sentiment d'impuissance qui nous habite est fort, moins nous agissons. Plus nous voyons le monde avec des yeux remplis de négativité et de pessimisme, plus nous restons paralysés. Trop d'analyse, paralyse !

Développer un mindset positif, ça s'apprend et ça se cultive. Si tu vas à la salle de sport tout en te disant « De toute façon ça ne marchera pas, ça ne me fera rien » ou bien si tu manges bio en te répétant que, de toute façon, « C'est de l'arnaque cette histoire » alors effectivement tout cela risque de n'avoir aucun effet sur toi. Tu auras réussi, uniquement avec tes intentions, à annihiler tous les bienfaits qu'auraient pu t'apporter toutes ces petites choses du quotidien. Imagine donc ce qu'il pourrait se passer si tu inversais le processus en basculant dans l'optimisme !

Il y a quelques années, j'ai lu l'histoire hors du commun de Milton Erickson[1] qui m'a fascinée.

Milton a 12 ans, et il est en classe en train de consulter un dictionnaire. Il pousse une exclamation. Ses camarades se retournent et lui demande ce qui lui arrive. Il répond, plein de candeur : « Le dictionnaire est dans l'ordre alphabétique, je n'avais jamais remarqué ! » Evidemment, après un éclat de rire général, tout le monde le considère au pire pour un idiot, au mieux pour un enfant dans la lune.

Devenu adolescent, Milton Erickson attrape la polio. Allongé sur son lit dans un piteux état, il a passé des heures à réfléchir, jusqu'à arriver aux prémices de l'hypnose ericksonnienne. Il s'est dit : « Mon corps a la polio aujourd'hui. Mais si je le ramène en arrière, quand il était sain, et que je lui fais croire qu'on est dans le passé avant la polio, il finira par le croire et alors je pourrais passer outre la polio et courir à nouveau. » A force de faire ce travail intense de projection sur son propre corps,

1. **Milton Hyland Erickson**, (1901-1980) est un psychiatre et psychologue américain. Son approche innovante en psychothérapie repose sur la conviction que le patient possède en lui les ressources pour répondre de manière appropriée aux situations qu'il rencontre : il s'agit par conséquent d'utiliser ses compétences et ses possibilités d'adaptation personnelles.

allongé sur son lit pendant des heures, Milton Erickson a réussi à régénérer ses cellules !

Evidemment, aucun médecin n'y a cru. Pensez-vous ! Un enfant qui à 12 ans n'avait toujours pas compris que le dictionnaire était dans l'ordre alphabétique... Pourtant cet enfant lunaire avait réussi à faire quelque chose que personne à priori n'avait encore accompli. Considéré aujourd'hui comme « Le père des thérapies brèves », Milton Erickson a laissé derrière lui des méthodes de thérapies qui sont appliquées partout dans le monde pour guérir notamment maladies et addictions.

Plus récemment, je suis tombé sur le témoignage d'un homme qui m'a rappelé l'histoire d'Erickson. Il s'appelle Claude Pinault[1], c'est un père de famille sportif, boute-en-train et travailleur. Le genre d'homme qui anime à lui tout seul une soirée, saute en parachute, et n'a jamais de sa vie fait un arrêt de travail. A 54 ans, il développe soudainement le syndrome de Guillain-Barré et devient tétraplégique en 48 heures. Hospitalisé pendant 14 mois au total, il récupérera petit à petit toutes ses facultés, au point de pouvoir remarcher et accomplir tous les gestes de la vie quotidienne quasi-

1. « Le syndrome du bocal », Claude Pinault, Éditions Buchet-Chastel, 2009.

ment normalement. Pourtant, personne ne croyait en sa guérison. Absolument personne. Ni les médecins, ni les infirmières, ni les spécialistes, ni son épouse ou ses amis. Le seul qui y croyait, c'est lui. On avait beau lui dire qu'on ne se relevait pas d'une telle maladie, et qu'il fallait qu'il accepte son handicap, lui continuait à croire dur comme fer qu'avec le simple pouvoir de l'intention et de la motivation, il arriverait à remarcher. Sur son lit d'hôpital, dès les premiers jours de son hospitalisation, il fait ce qu'on appelle en PNL (Programmation Neuro-Linguistique) la technique de la projection.

Petit à petit, il contrôle à nouveau ses muscles, arrive à tenir un verre d'eau et à le porter à sa bouche, puis à bouger ses orteils, à se tenir assis dans son lit, et au bout de quelques mois, sous l'air ébahi de ses proches et des soignants, il se remet à marcher.

Les histoires de Milton Erickson et de Claude Pinault peuvent paraître incroyables, hors du commun et donc hors de portée. A l'origine, ce sont pourtant des hommes ordinaires, que le karma a mis dans des situations extrêmes. Ce sont eux qui ont choisi contre vents et marées de croire en leurs capacités de guérison et de résilience, et qui ont transformé leur épreuve en une expérience extraordinaire.

Nous sommes tous, d'une manière ou d'une autre à des degrés différents, confrontés à des épreuves ou à des personnes qui nous tirent vers le bas. Nos histoires, nos parcours et notre vécu sont tous singuliers. Mais nous avons un point commun : celui d'avoir en nous la clé de la réussite. Celle qui fera de nos obstacles les plus grands tremplins, et de nos souffrances les composts les plus fertiles.

CHAPITRE 5

LA DÉCLARATION DE GUERRE

La Défense – 1999

Le parking glauque et sombre d'une boîte de nuit fréquentée par les mecs des cités de La Défense et des environs. La loi des gangs règne ici, à défaut de la morale la plus élémentaire. Je suis abrité avec quelques potes sous une pente de toit, près d'un vieux lampadaire qui pue l'urine. Il pleut depuis des heures, il fait humide et froid, et on s'apprête à partir pour continuer la soirée ailleurs. A quelques mètres de nous, un groupe de lascards fait un boucan pas possible. Ils fument, parlent et rigolent fort, et s'amusent à balancer des tessons de bouteilles contre un conteneur à ordures. Je les connais de vue, mais sans plus.

J'ai relevé la capuche de mon manteau et remonté mon écharpe jusqu'au-dessus de mon nez, on ne voit pratiquement plus mon visage. Mais moi, je vois tout ce qui se passe autour. Et c'est au moment où on commence à partir que j'aperçois une fille sortir brusquement d'une porte de secours. Elle a la tête baissée, les vêtements en vrac, et elle ne marche pas droit. Spontanément, je me dis qu'elle doit être bourrée. Elle relève la tête et lance des yeux hagards vers le groupe de mecs. D'un coup, leurs rires s'arrêtent. Pendant quelques secondes, 5 ou 6 pas plus, il y a un silence bizarre qui s'abat sur le groupe, on entend seulement la pluie qui tape contre les vitres des voitures du parking. Puis, un des types pousse un grand cri. Comme si on l'avait fracassé avec une batte de baseball. Je le vois s'effondrer au sol, plié en deux. Avec mes potes, on ne comprend pas ce qu'il se passe, il n'y a pas eu de bagarre, il ne s'est rien passé à part l'arrivée de cette fille qui n'a pas l'air très nette. D'ailleurs, elle se barre en courant. Avec mes potes, on n'a pas envie de se mêler de tout ça, alors on s'éloigne.

On apprend plus tard qu'au cours de la soirée, la fameuse fille s'est retrouvée victime d'une « tournante », pratique particulièrement affreuse qui ne faisait pas encore les choux gras de la presse à cette époque. Elle est passée entre les mains des types du parking. Ils l'ont serrée dans le sous-sol de la boîte et l'ont violée les uns après les autres, sans même savoir qui elle était.

Sauf que quand elle est sortie, et qu'elle les a recroisés avant de se tirer en courant, un des types du groupe l'a reconnu. Celui qui s'est effondré. C'était sa sœur...

C'est une histoire qui a fait le tour du quartier, évidemment. Je n'ai jamais su ce qu'étaient devenus la fille et son frère, j'ai seulement entendu des rumeurs, toutes plus glauques les unes que les autres. De toute façon, on ne pouvait pas s'attendre à un Happy End.

« Karma is a bitch », voilà ce que j'ai personnellement retenu de cette histoire. Quand tu sombres dans la noirceur et que tu accumules les mauvaises actions dans ta vie, le Karma se charge de te les renvoyer comme un boomerang, avec une force de frappe proportionnelle au mal que tu auras commis, ou aux fautes que tu auras accumulées.

En faisant du mal aux autres, tu te détruis toi-même. Et tout tort que tu commets l'est avant tout à ton propre détriment.

Je sais qu'il n'est qu'une question de temps pour que le Karma me renvoie à la figure tous mes ratés, mes erreurs et mes errances. A cette époque, je suis parti de l'armée après avoir refusé d'aller massacrer des gens au Kosovo. Je suis retourné chez ma mère, dans son studio. Elle dort sur le canapé, et moi je reste des heures allongé sur le lit avec les yeux grands ouverts, en cherchant désespérément ma vision, celle que j'avais au collège de devenir un éveilleur, un Maître Jedi nouvelle génération, mais qui aujourd'hui se cache derrière une épaisse couche de brouillard. Sans perspective, en manque de maturité, il ne me faut pas longtemps pour rechuter et retomber dans mes anciens travers.

Je suis sur un banc en bas de mon immeuble, je regarde passer les gens et je me demande si j'arriverai un jour à reprendre la plume. Je manque de passion, d'entrain, d'inspiration. Et ça me déprime.

Un type de mon quartier qui passe par là vient s'asseoir à côté de moi et me brandit fièrement le CD qu'il vient d'acheter. C'est un album de rap, mais moi je n'y connais strictement rien. « Comment ça, t'y connais rien ? C'est la loose ça, cousin ! Viens je t'explique. »

Pendant deux heures, sur ce banc plein de tags et une latte en moins, le mec devient une sorte d'académicien du rap et me fait un cours magistral en maîtrisant son sujet comme un paléontologue maîtriserait l'ère jurassique. Il m'apprend tout, me transmet tout ce qu'il sait. New York, L.A., les battles entres gangs, les albums à acheter, ceux à traduire... Il me donne tant de matière, qu'il me faudra presque deux ans pour en extraire tout le nectar.

Quand il s'en va, je sens un frisson bien familier me parcourir l'échine. Ça y est... La flamme de la passion est revenue. J'ai un nouveau truc à me mettre sous la dent, quelque chose qui va me motiver à écrire. Je le tiens mon nouveau défi ! Je vais transformer mes poèmes en chansons de rap. Je vais transposer mes écrits à une mélodie, pour qu'ils deviennent des paroles.

Rien n'arrive par hasard dans cette vie, et toute rencontre, aussi fortuite soit-elle, a une sagesse. Car quand l'élève est prêt, le maître apparait.

Bien décidé à intégrer l'univers du rap, je retrouve un pote de l'armée qui est rentré lui aussi, et qui habite dans une cité voisine. J'apprends qu'il fait partie des Black Dragon, les gangs de chasseurs de skins dont les leaders les plus charismatiques étaient à l'époque des rappeurs connus.

On est en plein dans la période des battles de rap, et j'ai un fort potentiel dans le domaine. Mon pote décide de me faire rencontrer un des chefs d'un gang Black Dragon. C'est comme ça que je me retrouve dans un souterrain à La Défense, face à deux types complètement défoncés qui commencent à m'insulter et à me provoquer en battle. L'un des deux mecs ouvre le round avec un rap truffé d'insultes envers les Blancs, de provocations et de punchlines contre lesquelles je ne peux pas répondre, sinon ça finirait en vrai ring de boxe. Je m'incline cette fois-ci, mais n'abandonne pas le rap pour autant. Au contraire, l'affront de ce mec me pousse à m'entraîner et à devenir meilleur.

A force de persévérance, de rencontres et d'entraînement, je finis par intégrer le groupe Junior des Black Dragon, en héritant du surnom de « Nègre Blanc » car, disent-ils : « T'es un nègre à l'intérieur, et blanc à l'extérieur, contrairement à la plupart des négros ».

Me voici de nouveau au milieu d'hommes qui dealent, font des cambriolages, des braquages... C'est reparti pour la folie. En tant que blanc, je dois faire mes preuves, alors j'accepte toutes sortes de boulot du « milieu ». En parallèle, j'ai repris mon job de cuisinier dans le restaurant de mon pote à Boulogne. J'ai gardé de l'armée cette rigueur, cette résilience, cette obéissance aux ordres et cette résistance aux horaires et aux rythmes de travail difficiles, que la plupart des jeunes de mon âge sont très loin d'avoir. Mais ça ne m'empêche pas de retomber dans le même cercle vicieux que j'avais tant voulu briser avant de partir dans les commandos. A 24 ans, je suis devenu ni plus ni moins qu'un expert en narcotisation.

Je t'arrête tout de suite, ça ne veut pas dire que je suis devenu Tony Montana. La réalité est beaucoup moins hollywoodienne. Ça signifie que je suis devenu un hamster, qui passe ses journées à tourner sur une roue.

Visualise le monde divisé en trois catégories de personnes : les gens qui ont une pelle et qui creusent la tombe de leur propre vie, les gens qui sont en mode avion, complètement déconnectés d'eux-mêmes et du monde, et les gens qui sont en mode Batmobile et qui roulent dans la vie comme des super-héros.

La narcotisation, c'est l'activité principale des gens de la première catégorie, et le loisir des gens de la seconde. Elle consiste à remplir le vide abyssal de sa vie par des activités au mieux futiles, au pire parfaitement inutiles à son propre avancement et à celui du monde. Pour la plupart des gens, cela s'exprime par des comportements ritualisés comme par exemple passer ses soirées devant Netflix à regarder « Narcos ». Ou encore passer des heures à parler d'une idée ou d'un projet, en se vidant progressivement de son énergie pour ne plus en avoir une goutte à mettre dans la mise en œuvre d'un vrai projet de vie. En bref, tout type d'activité qui évite de se retrouver seul face à soi-même et aux questions existentielles qui nous traversent tous : « Qui suis-je ?

Que fais-je sur Terre ? Suis-je vraiment heureux ? Est-ce que je fais vraiment ce pour quoi je suis fait ou bien je passe à côté de ma vie ? »

Quand tu narcotises, tu es comme le hamster sur sa roue. Tu tournes, tu tournes, tu tournes, sans départ ni arrivée. De temps en temps, tu vas manger une ou deux graines, boire un peu, et dormir quelques heures. Et puis tu retournes sur la roue, dans la cage de ton existence.

Albert Einstein disait : « La folie, c'est de faire toujours la même chose et d'espérer un résultat différent ». Le seul remède à cela, c'est de changer complètement ton schéma de fonctionnement. Parce que si tu te contentes de changer la roue de place, ou bien d'en acheter une plus grande, tu ne résoudras pas du tout le problème, tu lui donneras juste une autre forme. L'objectif, c'est de sortir de la roue et de détruire la cage. J'ai compris tout ça avec l'expérience, mais aussi par le biais de rencontres et d'échanges inattendus.

Une nuit, j'étais dans le RER avec mon pote Steve. Même prénom mais une couleur de peau différente. On était inséparable à l'époque, et on avait une distraction qu'on kiffait tout particulièrement : celle de s'incruster dans des soirées parisiennes. Notre plan d'attaque était très simple : on rôdait dans les quartiers chics et étudiants de la capitale, jusqu'à repérer un immeuble avec une fenêtre ouverte, un balcon rempli de gens qui fument et de la musique jusque dans la rue. On se plaçait en bas de l'immeuble et on criait aux gens « Hé ! Allez chercher Frank ! Il nous attend ! » Généralement, il y avait tellement de monde que les gens n'avaient pas le courage d'aller chercher le Frank en question, et nous répondaient qu'ils ne savaient pas qui c'était. Alors nous on leur demandait de nous ouvrir, pour qu'on puisse monter directement le voir. Ça marchait presque à tous les coups, surtout quand on arrivait assez tard pour que les gens soient bourrés. On arrivait alors dans l'appartement, et chacun de nous deux avait sa mission. Steve allait dans la cuisine pour se baffrer de gâteaux, de pizzas et de jus de fruits, et moi j'allais amuser la galerie jusqu'à devenir LE type excellent de la soirée, de sorte à ce que quand l'organisateur de la soirée se rendait compte qu'on n'avait pas été invités, tout le monde insiste pour qu'on reste. C'était comme ça qu'on animait nos soirées quand on n'avait rien à faire d'autre.

Dans ce dernier RER, on est assis l'un en face de l'autre, la tête collée contre la vitre et on écoute du bon son chacun dans notre casque.

Un grand de la cité est assis quelques sièges plus loin et nous aperçoit. Il vient nous saluer. « Alors, ça fait quoi la jeunesse ? » On lui raconte comment on revient d'une soirée dans le 6e chez un type où on a mangé des toasts au saumon et bu du jus de goyave. Le grand nous écoute, les yeux ronds. Puis il nous lance : « Hé les frères siamois là, vous êtes complètement à la masse ! Si vous avez l'intelligence de faire des trucs comme ça, c'est que vous pouvez faire beaucoup plus et surtout que vous pouvez faire des vrais trucs, utiles !

Vous connaissez l'histoire des Trois petits cochons ? »

A notre tour de le regarder avec des yeux ronds. Il poursuit : « Je vais vous raconter ma version.

Dans mon histoire, il y a trois types. Le premier habite à Stains, le second habite à Garges et le troisième à Sarcelles. Le premier ne fait rien à l'école, passe ses journées à traîner et fumer du shit. Il finit manutentionnaire et construit une maison en paille parce qu'il n'a pas une thune. Quand le loup arrive, il ne peut rien faire pour se protéger. Le second type travaille un peu, mais se repose beaucoup sur ses facilités. Il reste toujours dans la moyenne, choisis les trucs les plus faciles, et finit par se construire une maison en bois un peu pourrie qui s'enflamme à la moindre allumette.

Le troisième type, c'est la force tranquille vous voyez ? Il travaille dur, dans son coin, sans se vanter. Il utilise ses capacités pour faire des vrais trucs, qui font la différence, vous voyez ? Il met de côté le fric qu'il gagne et grâce à ça se construit une belle maison en pierres super solides qui résiste à tout. C'est le seul qui va survivre au loup, et finir ses jours tranquille.

Alors, c'est quel type de mec que vous avez envie de devenir ? »

C'est ce grand frère de substitution qui m'a transmis ce que j'appelle aujourd'hui « la stratégie des trois petits cochons ». Celle qui pousse à choisir la douleur de la discipline plutôt que la facilité de la distraction. Car la discipline est un accélérateur de croissance.

Il faut dire que de nos jours, la distraction est partout, tout le temps, elle est même distribuée gratuitement. Des jeux, de la pornographie, des blockbusters… tout peut se télécharger ou se visionner gratuitement en ligne, pour transformer des êtres humains remplis de potentiel en docteurs en narcotisation, prompts à dépenser leur temps et gaspiller leur argent pour des choses qui ne durent jamais, et qu'il faudra toujours remplacer pour une nouvelle version.

Quand je suis dans la salle d'attente de mon ostéopathe, je regarde les gens autour de moi, et je me dis que statistiquement, au moins l'un d'entre eux risque d'électrocuter mon ostéo. Il vient parce qu'il a mal au dos, ou aux genoux, mais le vrai problème c'est qu'il est chargé à 200 volts d'ondes négatives accumulées par les films pornos, la cigarette, la malbouffe, et les heures passées devant l'ordinateur.

D'ailleurs, une étude a été réalisée aux Etats-Unis – l'empire de la distraction – et a mis en évidence que l'hyperactivité, de plus en plus détectée chez les enfants, venait de la nourriture physique et de la nourriture mentale. Malbouffe donc, mais aussi jeux vidéo, émissions de télé, pornographie, etc. Cela provoque une suractivité forcée des neurones (images, sons, couleurs, sucres, etc.) et donc une hyperactivité physique et mentale de l'enfant et de l'adulte.

Comme je le dis souvent aux parents qui viennent me voir, désespérés par un enfant hyperactif: « Enlevez-lui le sucre et les écrans, emmenez-le dans la nature et vous verrez que deux mois plus tard, vous aurez un enfant "normal" ».

RÈGLE KARMA N°10

Easy choices, hard life
Hard choices, easy life.

Il existe quatre choses les plus précieuses que nous puissions posséder et que la narcotisation détruit à petit feu : le focus mental, l'énergie physique, la discipline et le temps.

Le focus mental est ton meilleur outil pour éviter de brasser de l'air ou d'être dans la distraction permanente. Il consiste à avoir un projet dans ta vie auquel tu tiens, qui ne bouge pas et pour lequel tu vas tout mettre en œuvre pour qu'il aboutisse.

L'énergie physique, c'est considérer ton corps comme ton véhicule, qui te transportera dans la réalisation de tes projets. Si tu devais faire Paris – Marseille en voiture, tu prendrais une Twingo ou une Lamborghini ? Pour transformer un corps de 2 chevaux en machine de guerre à 700 chevaux, il y a des choses simples que tu peux faire de manière régulière, comme aller voir un ostéopathe une fois par an, un acupuncteur une fois par mois, et faire 3 séances de sport par semaine. 3 séances par semaine augmentent de 80% toutes tes facultés. De quoi booster significativement ton cheval-vapeur.

La discipline, elle, accélère ta vitesse de croissance. Si tu manges une pomme (bio, pas une pomme pleine de pesticides) tous les jours pendant un mois, puis pendant un an, les résultats se verront doucement mais sûrement. Manger les 30 pommes en un jour n'aurait aucun sens n'est-ce pas ? Tout ce que tu récolterais, c'est un bon mal de ventre. La discipline, c'est de te programmer sur le long terme pour obtenir les meilleurs résultats.

Quant **au temps**, il est assurément notre bien le plus précieux, donc c'est bien sûr la première ressource que beaucoup de gens gâchent allègrement. On n'est pas dans le monde de Narnia, il est impossible de revenir en arrière et de remonter le temps. Alors avant de faire une activité, demande-toi si elle vaut le coup que tu dépenses ton capital le plus précieux, et que tu ne pourras jamais retrouver. Un bon exercice peut consister à tenir un cahier d'activités journalières, en notant pour chacune d'entre elle le temps que cela te prend et la plus-value que cela t'apporte.

Comme je le dis souvent « Les heures que 99% de l'humanité gaspille, les 1% les investissent ». Les 1% investissent leur temps dans des choses rentables, pour eux-mêmes et pour la société.

Et une des meilleures façons d'investir efficacement ton temps, c'est de suivre tout simplement le rythme naturel de ton corps. Encore une fois, le corps est une machine, comme ton véhicule. Et ta voiture, tu la connais bien. Tu sais à quel moment il faut passer les vitesses pour ne pas faire grincer l'embrayage, tu maîtrises parfaitement le point de patinage pour les démarrages en côte. Tu sais aussi que le matin, en particulier l'hiver, elle a besoin de chauffer un peu avant d'être à 100% de son potentiel. Eh bien sois aussi attentif et attentionné avec ton corps.

Pour commencer, offre-lui de vrais matins. Parce que se lever à midi, mettre deux heures à émerger et commencer à s'activer à 15h, ce n'est pas prendre soin de son corps. « Qui possède sa matinée, gagne sa journée! » Se lever tôt, même si cela doit passer par se rouler par terre pour sortir du lit, c'est la porte ouverte vers une journée bien remplie et réussie. Je ne l'invente pas, c'est notre corps qui le dit.

Le rythme circadien, plus communément appelé « horloge biologique », est le rythme naturel du corps sur 24 heures. Posséder sa matinée, c'est profiter des six rythmes circadiens qui, à partir de trois heures du matin jusqu'à onze heures, font exploser la mélatonine, l'endorphine, la sérotonine… bref, tout le jus que ton corps t'offre pour être au top.

Je partage avec toi une de mes stratégies de conditionnement mental, celle de **la déclaration de guerre.** Une sorte de mantra comme ceux que répètent plusieurs centaines, voire milliers de fois par jour les Tibétains ou les Hindous. Voici la mienne, que je me répète chaque matin au réveil, ou avant de sortir de chez moi.

- On ne peut pas à la fois obéir au monde et le transformer
- N'accorde pas à la vie une importance qu'elle n'a pas : sois comme une flèche qui chemine vers sa cible et détourne-toi de tout ce qui est autre que ton but
- Transforme-toi et tu transformeras ton histoire
- Pour cesser d'être aliéné il faut cesser d'être aliénable[1]
- La richesse diminue en la dépensant et la science croit en la répandant
- Découvre tes limites ensuite dépasse-les
- Apprends parfaitement les règles du jeu et entraine-toi plus que les autres
- Si tu veux devenir excellent, vise la perfection

---

1. « Il n'y a pas de peuple colonisé, il n'y a que des peuples colonisables » Malek Bennabi.

- Investis ton temps, ne le dépense pas
- Ton programme est le chemin qui va te permettre d'atteindre tes objectifs, et ta discipline accélère ta vitesse de croissance
- La guerre se gagne dans les plans, jamais sur le champ de bataille.

CHAPITRE 6

GHOSTBUSTERS

Dans le blockbuster américain des années 80 « SOS Fantômes » (Ghostbusters), une équipe marrante de chasseurs de fantômes combattent des petits et grands poltergeists à New York. Ils se lancent à leur poursuite dans leur vieille Cadillac et les déglinguent avec des fusils-laser hyper puissants.

Dans la vraie vie, même quand on n'a plus l'âge de croire aux fantômes, on se trimballe quand même avec au moins trois poltergeists dans la tête, et c'est beaucoup moins drôle. Surtout quand ces trois petits fantômes nous poussent à faire des choses pas très reluisantes. Comme par exemple :

- Pousser à faire des choses nuisibles « c'est bon, fume-là cette clope, fais-toi plaisir, il faut bien mourir de quelque chose ! »
- Empêcher de faire des choses bénéfiques « ce n'est pas grave, fais-le demain, prends ton temps, ça va aller ».

- Encourager l'auto-critique permanente et hyper sévère « tu as vu ce que t'as fait ? Pourquoi tu fais ça ? Pourquoi tu dis ça ? »

Ces trois poltergeist sont capables de faire beaucoup de ravages dans notre tête et dans notre vie. Mais le pire, c'est qu'ils sont généralement accompagnés par quatre autres petits fantômes, qui prennent la forme d'obsessions occupant 80% de notre esprit et de notre temps disponible.

Eric Berne, Psychiatre américain, fondateur de l'analyse transactionnelle[1], a identifié 4 mythes qui guident notre vie et handicapent la relation avec nous-même et avec les autres :

- J'ai le pouvoir de rendre les gens heureux
- J'ai le pouvoir de rendre les gens malheureux
- Les gens ont le pouvoir de me rendre heureux

---

1. En psychologie, l'analyse transactionnelle, appelée aussi AT, est une théorie de la personnalité, des rapports sociaux et de la communication. Créée en 1958 par le médecin psychiatre et psychanalyste Éric Berne, elle postule des « états du Moi » (Parent, Adulte, Enfant), et étudie les phénomènes intrapsychiques à travers les échanges relationnels de deux personnes ou plus, appelés « transactions ». L'analyse transactionnelle part du principe que chaque personne est fondamentalement positive et que ce sont les décisions prises dans notre enfance qui influent sur notre comportement ; son but est d'aider à reprendre le contrôle vers l'épanouissement.

- Les gens ont le pouvoir de me rendre malheureux

Ces mythes sont très puissants, ils poussent les gens à croire que leur bonheur vient de l'extérieur : de telle personne, telle profession, tel environnement, telle situation matérielle. Et lorsque nous croyons en ces mythes, nous jouons à des jeux malsains.

Je peux inviter l'autre à être heureux, mais je n'ai pas le pouvoir de le rendre heureux. La nuance est primordiale dans le sens où elle redonne à chacun sa part de responsabilité. D'où l'importance de passer ces mythes au crible et de les déconstruire un par un.

Premier mythe :
« J'ai le pouvoir de rendre les gens heureux. »

En réalité, tu n'as aucun pouvoir. Si l'autre n'est pas heureux, c'est qu'il a choisi de ne pas l'être, c'est qu'il est peut-être la victime dans le triangle de Karpman. Et dans ce triangle dramatique, cela se passe toujours très mal pour le sauveur, celui qui pense qu'il a le pouvoir de rendre l'autre heureux.

On ne peut pas faire le bonheur des autres contre leur gré. Imagine un arbre à fruit, comme un pommier par exemple. L'arbre est rempli de pommes bien rouges mais il y a une qui n'est pas encore mûre. Elle est toute petite, et encore verte. Pourtant, c'est celle que tu veux absolument cueillir. Or, si tu la cueilles, tu ne pourras pas la manger car elle sera beaucoup trop acide. Et tu ne pourras pas non plus la remettre sur l'arbre pour qu'elle continue de mûrir.

Dis-toi que c'est exactement la même chose pour les gens. Quand tu as des velléités de sauvetage alors que la personne visée n'est pas prête à grandir, pas plus qu'elle n'a envie d'être sauvée, le résultat sera infâme, comme la pomme pas mûre. Le mieux est de laisser la personne sur sa branche afin qu'elle mûrisse à son rythme. Quand elle sera prête, alors tu pourras la cueillir et faire un bout de chemin avec elle.

Deuxième mythe : « J'ai le pouvoir de rendre les gens malheureux. »

Ce mythe consiste à être persuadé qu'on peut gâcher la vie des gens, que ce soit par intention malsaine ou par maladresse. Nous avons tous, à un moment ou à une autre de notre vie, consciemment ou inconsciemment, fait du mal à quelqu'un. Mais aucun de nous n'a le pouvoir de rendre l'autre malheureux, sauf si l'autre décide effectivement de l'être. Ce pouvoir ne nous incombe pas, en fait.

Un bon exemple que je donne souvent, tant il est contemporain, ce sont les insultes et messages de haine sur les réseaux sociaux. Qu'ils proviennent « d'amis » ou d'inconnus. Lorsque quelqu'un m'insulte sur Facebook – ce qui arrive fréquemment – je fais une capture d'écran que j'envoie à mon équipe, afin qu'on trouve ensemble comment recycler ces déchets et en faire du compost. C'est grâce aux commentaires négatifs que j'améliore constamment mes produits, mes émissions, etc. Nous effaçons le commentaire, mais nous en gardons le nectar. Nous décidons d'en faire une source d'inspiration, plutôt qu'un générateur de découragement.

Ce que tu envoies à l'autre, dès lors que tu le sors de toi, il devient neutre. Et c'est l'autre qui, en le recevant, lui donne une teinte particulière, bonne ou mauvaise. A l'instar du caméléon dont l'épiderme naturel est neutre et qui prend la teinte de ce qui l'entoure en fonction de son humeur ou de sa situation.

Il est dit des caméléons et de leur capacité à changer de couleur que : « Il s'agit principalement d'un mécanisme de communication sociale (les couleurs sombres marquent la colère, l'agressivité, avec des variations des rayures sur les flancs et des signaux visuels changeants qui se concentrent sur la face des combattants ; les mâles utilisent des couleurs claires et variées pour courtiser les femelles) et non d'une technique de camouflage. Cependant la plupart des caméléons semblent utiliser le changement de couleur dans les deux buts. Le changement de couleur serait apparu d'abord comme un moyen de communication, le camouflage n'intervenant que secondairement[1]. »

Troisième mythe : « Les autres ont le pouvoir de me rendre heureux. »

Si tu veux rester en mode avion toute ta vie et attendre qu'un miracle te sauve de ton impasse, alors ce mythe est fait pour toi. En revanche, si tu veux cesser d'être dépendant des autres pour avancer dans ta vie et te sentir bien, alors tu devrais te poser la question de savoir comment t'apporter toi-même les choses qui te rendent indépendant. C'est une question de responsabilité, la première que pose un coach à son coaché. Tu dois endosser la responsabilité d'atteindre tes objectifs, sans reporter ce rôle sur une personne extérieure.

Quatrième mythe : « Les autres ont le pouvoir de me rendre malheureux ».

C'est le mythe invoqué le plus souvent dans les conflits et en particulier les divorces. L'autre devient le principal

1. Source : Wikipedia

artisan de ton malheur, celui qui te pourrit la vie. Mais si tu as bien déconstruit les trois mythes précédents, tu sais que celui-ci est tout aussi faux. Tu n'as pas le pouvoir de rendre les gens malheureux, alors les gens n'ont pas le pouvoir non plus de te rendre malheureux.

Autant la compassion et la bienveillance doivent faire partie de tes qualités sociales, autant tes peurs et tes croyances limitantes ne doivent susciter aucune pitié de ta part ! Prends ton fusil-laser, ton sabre de Samouraï, ton épée de Jedi, et détruis tout ça sans état d'âme. Rappelle-toi une chose : elles, elles ne t'auraient pas fait de cadeau, elles auraient détruit ta vie OKLM comme disent les jeunes. Alors explose-les avant qu'elles ne prennent le pouvoir.

RÈGLE KARMA N° 11

Se changer soi-même, c'est changer le monde, puisque nous sommes une partie de ce monde.

En ce qui me concerne, j'avais depuis tout petit une peur bleue, celle de nager dans une eau où on ne pouvait pas voir le fond.

Quand j'étais en mission humanitaire au Cameroun, il se trouve qu'il y avait un volcan éteint rempli par les eaux de pluie, et qu'il était possible d'aller nager dedans... Je me suis dit : « Le Karma t'offre l'occasion de détruire une de tes peurs, saisis-la. »

Avec un petit groupe d'une douzaine de personnes et un guide, je suis donc descendu à l'intérieur du volcan pour le traverser à la nage. Il faut t'imaginer un kilomètre d'eau verdâtre et vaseuse, sans aucune visibilité sur le fond de l'eau, et sans la moindre idée de ce qu'elle pouvait contenir. A ce stade-là de ma croyance limitante, si on m'avait dit qu'un dragon ou qu'un serpent géant vivait là-dedans, je l'aurais cru. Mais j'y suis allé quand même. Parce que quand on veut changer sa vie, on accomplit des actions fortes, des actions coup-de-poing. On ne rénove pas la Chapelle Sixtine avec des Crayolas !

Sur les douze personnes du groupe descendues dans le volcan, seules trois sont allées jusqu'au bout, et j'en faisais partie. Après cela, quand les locaux me voyaient sur le marché, ils parlaient de moi comme « le Blanc qui a traversé le volcan » et qui devait être un peu fou. En réalité, je suis juste passé de la « croyance limitante » à « l'expérimenté », détruisant au passage ma peur irrationnelle de nager dans une eau dont on ne voit pas le fond. Quelques temps plus tard, en vacances avec ma femme, on se baladait la nuit sur la plage quand l'envie m'a pris d'aller me baigner comme ça, dans le noir, juste pour le plaisir. Et c'est ce qui arrive quand on combat ses peurs et ses croyances limitantes, on devient plus spontané, et fondamentalement plus heureux.

RÈGLE KARMA N°12

Si tu as une peur, fixe-la-toi en objectif.

« IL ÉTAIT UNE FOIS », par Latifa Chay[1]

« Si tu as une peur, fixe-la-toi en objectif » nous avait lancé Steve lors de notre formation.

C'est ce que j'ai fait...

Le vide, est une peur, alors la combattre est devenu un objectif. La randonnée, des années que j'en parlais sans jamais franchir le cap. Puis une épreuve est venue toquer à ma porte...

Peu de temps après, je me suis inscrite au Club Alpin Français. J'ai commencé la randonnée tranquillement, moi qui n'avais quasiment plus fait de sport depuis 10 ans.

Petit à petit, j'ai pris le rythme, tous les mardis avec un groupe débutants. A chaque fois, j'en faisais un

1. Témoignage d'une de mes élèves

peu plus. Puis j'ai rajouté une heure de vélo tous les jours. 11kg de perdus plus tard, accompagnée tous les jours par les enseignements appris dans « Boosteur d'Excellence », me voilà fière de vous annoncer que j'ai grimpé le plus haut sommet de la chaîne de montagnes de ma région !

J'ai sué, j'ai eu bien peur, mais je n'ai rien lâché.

J'ai fracassé l'une de mes croyances limitantes. Celle de monter tout en haut d'une montagne à la force de mes jambes en affrontant le vide.

Une fois en haut sur le Grand Veymont, à 2540m d'altitude avec 4 degrés de température et le vent qui te pousse, j'ai non seulement cassé un plafond de verre, mais j'ai surtout touché du doigt la fameuse porte des étoiles. Une immense satisfaction.

Le paysage était juste à couper le souffle.

Il y a 3 mois, jamais je ne me serais imaginée un seul instant pouvoir faire une randonnée pareille, et encore moins une qui soit aussi technique que celle-ci.

Ma conclusion : rien n'est impossible à celui qui veut.

Merci à Steve et à tous les Excellents qui partagent leur transformation via les témoignages, les lives,

> les conseils, les mots… Vous êtes inspirants et vous m'avez tous d'une certaine façon accompagnée dans mon réveil du phœnix. J'annonce la couleur, ce n'est qu'un début ! »

Nos croyances ont un impact déterminant sur nos vies, un lien direct avec les actions que nous choisissons ou non de mener et une influence évidente sur ce qu'il advient ou non dans notre parcours.

Prenons le concept de **prophétie auto-réalisatrice ou auto-destructrice** qui a été formulé pour la première fois par le sociologue américain William Issac Thomas au début du XXe siècle. Sa formulation la plus célèbre est : « **Si les hommes définissent des situations comme réelles, alors elles sont réelles dans leurs conséquences** ». Retiens bien cette phrase, car elle est fondamentale.

Une **prophétie auto-réalisatrice** est un énoncé plus ou moins récurrent qui modifie des comportements de telle sorte qu'ils font advenir ce que la prophétie annonce. Ce qui n'était qu'une possibilité parmi d'autres devient réalité, par l'autorité de celui ou celle qui énonce la « prophétie ». A l'inverse, la **prophétie auto-destructrice** est une prédiction qui détruit les possibilités de réalisation de la prédiction. Dans les deux cas, le fait d'énoncer la prédiction et de trouver des gens pour y croire modifie les anticipations et donc les comportements.

Pour analyser une situation tu vas naturellement te baser sur tes expériences, tes émotions et tes interprétations. Très souvent, c'est ton enfance qui t'influence le plus et qui définit les images que tu projettes sur ta vie et sur les personnes qui t'entourent. Tu vas donc partir du principe que cette chose est comme ceci, ou comme cela, et qu'il va advenir ceci ou cela. A force de l'énoncer, et d'y croire, la « prophétie » va devenir réalité.

Les prophéties auto-réalisatrices et auto-destructrices peuvent avoir de bonnes ou de mauvaises conséquences selon la manière dont elles sont formulées. Si tu répètes à ton enfant pendant des années qu'il est comme toi, un amoureux des livres mais nul en maths, il est fort probable qu'il devienne effectivement mauvais en mathématiques. Le serait-il devenu si tu lui avais répété toute sa petite enfance qu'il serait un génie des chiffres ?

Que conclure sur les personnes qui divorcent, et qui te disent après coup qu'elles savaient que leur couple ne fonctionnerait pas ? Tout au long de leur couple, leur subconscient n'a-t-il pas capté uniquement les éléments qui concordaient avec l'échec, c'est-à-dire avec la prophétie qu'elles avaient écrite à la base ?

A l'inverse, les prophéties peuvent avoir de conséquences extrêmement positives. Certaines personnes se « programment » grâce à cela, en se répétant qu'elles vont réussir, que ce qu'elles visent va forcément leur arriver. Et cela finit par être le cas.

Le petit thug solitaire et triste que j'étais, affalé au fond de la classe, et qui se réfugiait dans les mangas, a fini par élaborer sa propre prophétie auto-réalisatrice : un jour je deviendrai un éveilleur, et j'aiderai les gens à être plus heureux. Je ne me suis jamais dit « je suis une caillera de banlieue, je vais finir comme tout le monde, en prison ou à la morgue. »

CHAPITRE 7

LE DAWN WALL

El Capitan

Une montagne haute de 900 mètres située dans une vallée désertique aux Etats-Unis. Rien d'extraordinaire sur le papier, sauf que El Capitan a une botte secrète, une spécificité qui la démarque des autres : quand le soleil se lève, que l'horizon devient rose et que l'aube apparait, un seul versant d'El Capitan est illuminé en premier : le Dawn Wall[1]. Sa paroi est lisse, sans aucune prise ou presque. C'est le mur le plus beau et le plus dur du monde à escalader.

Tommy Caldwell et Kevin Jorgeson avaient un rêve, celui de grimper le Dawn Wall. Ils ont fait ce que personne n'était arrivé à faire jusque-là, en 19 jours. Ils ont dormi dans des tentes de fortune, suspendus au-dessus du vide, ils sont tombés de plusieurs mètres parfois, se sont râpés les mains tous les jours, mais n'ont jamais cessé de croire que c'était possible. Au sortir de cette expérience

1. « Dawn » en anglais signifie l'aube, et « wall » le mur.

inédite, Kevin a dit : “We are capable of so much more than we can imagine”[1]

En escaladant cette montagne, ils ont écrit ainsi leur légende personnelle.

Le terme « légende personnelle » vient du best-seller « L'Alchimiste » de l'écrivain brésilien Paulo Coelho, publié en 1988. Je suis sûr que tu fais déjà partie des 150 millions de personnes dans le monde qui ont acheté le livre, mais juste au cas où je te rappelle la baseline : C'est l'histoire d'un jeune homme qui va voyager jusqu'au bout du monde pour vivre sa légende personnelle.

Et de son histoire, le lecteur comprend que chaque être humain sur cette terre a une légende personnelle à accomplir. Il y a ceux qui l'accompliront, et ceux qui passeront à côté.

RÈGLE KARMA N°13

Accomplir sa légende personnelle est la seule et unique obligation des Hommes.

---

1. « Nous sommes capables de tellement plus que ce qu'on imagine »

Nous sommes tous venus au monde avec un pouvoir. Un destin à accomplir. Et c'est précisément cela qui donne un sens à notre vie.

Patricia Boyle, neuropsychologue au Centre Rush de Chicago sur la maladie d'Alzheimer et professeure en sciences du comportement, a mené une étude sur des personnes âgées afin d'étudier l'effet des objectifs de vie sur la prévention des troubles cognitifs. « Quel est l'impact des projets sur la vie ? », voilà la question à laquelle Patricia Boyle a tenté de répondre. Son étude a abouti à la création de l'Echelle de Boyle, tant ses résultats sont stupéfiants : « Un but important dans la vie est associé à un risque réduit de mortalité, toutes causes confondues, chez les personnes âgées vivant en communauté. »

Boyle a pu prouver qu'avoir un but de vie permet une construction psychologique qui donne une direction, une intention aux actes et un sens à l'expérience. Et que cela rendait les gens plus heureux, plus équilibré, en meilleure santé.

Evidemment, identifier sa légende personnelle et définir son projet de vie n'est pas chose facile. Cela peut venir vite, quand on est jeune, ou beaucoup plus tard avec le recul et l'expérience. Un des inventeurs de l'astronomie, le persan Al-Khwarizmi, par exemple, a découvert sa vocation sur le tard. Après des années d'une vie « normale », il découvre l'islam et se passionne tout particulièrement pour les versets du Coran qui évoquent l'astronomie. C'est ainsi qu'à plus de 60 ans, il a démarré sa légende personnelle et est devenu l'un des plus grands astronomes de l'Histoire.

Mais il est possible de pirater le karma et d'aller plus vite ! Car plus tôt tu auras identifié ta légende personnelle, plus tu auras du temps pour la réaliser et en récolter les fruits.

En 1994, le médecin et professeur en neurologie et neurosciences Antonio Damasio a fait une expérience qui consistait à montrer un jeu de cartes à des personnes, qui devaient ensuite deviner la suite des cartes. Damasio a alors constaté que les personnes qui obtenaient les meilleurs résultats étaient celles qui se fiaient à leur intelligence émotionnelle. Les résultats de cette étude, et d'autres nombreuses qui ont suivi, montrent que l'amygdale du cerveau, le siège des émotions, réagit sensiblement plus vite que le cortex pré-frontal, qui lui est le siège du raisonnement. Autrement dit, nos émotions s'expriment d'abord physiquement – dans notre corps et dans notre cœur – avant d'être traduites mentalement de manière raisonnée. Damasio a ainsi démontré qu'un processus émotionnel dans la prise de décision va être beaucoup plus rapide qu'un processus rationnel. Autrement dit, notre corps connaît la réponse avant notre cerveau et c'est de cette manière qu'on a des intuitions.

RÈGLE KARMA Nº14

Ton corps sait déjà ce que ta tête va mettre des années à comprendre.

Ma légende personnelle, j'ai mis des années à savoir ce qu'elle était, et j'ai eu plusieurs vies avant de l'accomplir enfin.

Quand je suis complètement dans l'errance et que je me lance dans le rap pour avoir enfin un nouvel objectif de vie, je recycle ce que j'ai appris avec ma prof de français.

Mais je suis de loin celui qui écrit le plus lentement, les autres sont capables de pondre des textes en moins d'une heure à partir d'une mélodie pendant que moi cela me demande plusieurs heures de concentration. Je me souviens du jour où, dans un studio, un morceau est en train de se composer et on me demande d'écrire un texte dessus, en 1 heure. Je commence par bégayer en disant que c'est impossible, et j'ai besoin d'y réfléchir, mais je reçois un coup de pression pas possible : « T'as une heure, pas une minute de plus ». Résultat, j'ai écrit le plus beau texte de ma vie… C'est cette anecdote qui m'a fait réaliser à quel point trop d'analyse, paralyse. La pression a parfois du bon, car elle permet de faire sauter nos chaînes invisibles.

Un soir, quelque temps plus tard, je regarde le film « Slam[1] » et j'ai une révélation. Le rap, c'est trop facile, en fait ! Il suffit d'avoir une bonne mélodie entraînante pour que les gens accrochent, sans que le texte ne soit forcément bon. Par contre, être capable de rapper sans instru, devant un public qui n'a que ton texte à se mettre sous la dent, là c'est un challenge ! C'est là qu'on voit si ton texte est vraiment bon ou pas.

Je décide donc de me mettre au slam, et de devenir le meilleur dans cette discipline qui me fascine. Mais à l'époque, le milieu du slam est tout petit, et composé d'intellectuels avec bac +12 qui ne laissent pas rentrer n'importe qui dans leur microcosme.

Encore une fois, je vais pirater le Karma en me lançant un objectif clair, « je veux faire du slam et ce n'est pas négociable », et en me créant une prophétie auto-

---

1. « Slam » de Marc Levin (USA), 1998

réalisatrice « j'ai tout le potentiel pour devenir un excellent slameur. »

C'est comme ça que je finis par entrer en contact avec l'homme qui organise et pilote les Championnats du monde de slam. Il m'aime bien, et décide de me prendre sous son aile.

Un jour, je reçois un SMS qui dit « Championnat de France de Slam ce soir à 20h. Tu es inscrit. Sois à l'heure »

Comment ça je suis inscrit ? C'est quoi ce délire ? Je ne peux pas y aller, je ne suis pas prêt ! Mon mentor m'explique : « Je ne t'ai rien dit car je savais que tu refuserais ou bien que tu passerais des jours à stresser et à ressasser ton texte. Tu es prêt. Je ne t'aurais pas inscrit si ce n'était pas le cas. »

Voilà. Je suis donc dans une salle parisienne aux murs feutrés, devant un public composé de professeurs d'université, de philosophes et d'écrivains. Je monte sur scène avec ma tenue de guerre, un coupe-vent Nike avec une capuche de moine qui dissimule tout mon visage. On ne voit que le micro vers ma bouche. Les slameurs qui sont passés avant moi ont tous des pseudos du genre « Connard Le Barbant » et « Frigide Barjot ». Je ne me demande pas ce que je fais là, je décide juste de tout donner, et ils en feront ce qu'ils veulent.

REMINISCENCE...

Parfois tard le soir je m'assois seul dans ce parc et je médite,

•

les yeux rivés face à l'immensité de l'espace intersidéral.

•

Et là je pense, oui je repense à mes voyages au bled,

•

et je revois ce vaste lac salé à sec,
traversé par des véhicules archaïques,

•

et ces humbles nomades se guidant grâce à Sirius

•

ou aux astres de la constellation d'Altaîr.

•

Et là je pense ... oui je repense à ces guerriers
qui ont conquis de lointaines contrées

•

puis sont mort au front pour un roi
qu'ils n'ont jamais rencontré.

•

Peut-être était-ce César, Darius et Agamemnon

•

ou un d'ces empereurs funestes dont l'histoire
ne se remémore même plus le nom.

•

Je repense à cette histoire d'amour,
entre un roi, et sa couronne,

faite d'or et ornée d'émeraude comme celle de Nemrod.

•

Béni soient les martyrs sous le règne de Hérode,

•

et maudient soient les hordes, sous les ordres du Dajjal.

•

Je revois les chevaliers partir en quête du Graal

•

et ce maharadjah faisant bâtir le Taj Mahal.

•

J'entends le chant des sirènes, les cris de Prométhée

•

et Galilée brisant les 7 sphères de cristal de Ptolémée.

•

Je revois les villes renversées, les croisades, le sang versé

•

et ce khalife qui par une flèche empoisonnée fut transpercé.

•

Les nations dispersées, le théorème inversé

•

et le sceau de la prophétie protégé par les 7 versets.

•

Et là ... la je repense aux apôtres, et aux récits
des hadiths transmis par les Sahabas,

•

et j'me dis qu'on est aussi loin de leur sagesse

•

qu'on est loin de cette époque où un océan
recouvrait le Sahara.

•

REMINISCENCE...

Quand j'ai terminé, un silence total et absolu règne dans la salle. Le public ne réagit pas, c'est comme s'il était figé. J'entends les tintements de verres qui proviennent du bar au fond de la salle, mais rien venant du public. Je ne sais pas si je dois attendre, ou partir. Finalement, puisque le silence perdure, je descends de la scène pour attendre mes notes. Je croise une prof d'histoire qui fait partie du public et qui a bien senti que j'étais décontenancé par la réaction des gens. Elle me glisse : « Le silence est au-dessus des applaudissements ».

Quelques minutes plus tard, j'obtiens la note maximum (10) auprès des trois juges. Il n'y a pas de deuxième tour. Je suis sacré Champion de France de Slam.

En rentrant chez moi avec mon coupe-vent Nike et ma coupe en or, je me dis: « Tu ne peux pas être champion de France de slam et revenir trainer au quartier comme avant ». Je commence à en avoir sérieusement marre de narcotiser. Il faut que je fasse quelque chose de fort, qui change, qui bouscule. L'idée s'impose à moi: je vais faire un album. Mais pour cela, il va me falloir beaucoup d'argent pour payer le studio, les musiciens, le graphiste pour la couverture de l'album, etc. Pas question de continuer à fréquenter les milieux douteux de l'argent sale, je veux me professionnaliser et faire les choses bien. Je reprends contact avec mon pote de la restauration, celui avec qui j'avais déjà travaillé avant de partir à l'armée. Grâce à lui, j'intègre rapidement les meilleurs restaurants de la capitale comme Le Costes et le Café Beaubourg. Je gagne très bien ma vie et commence petit à petit à enregistrer mon album, encouragé par mes potes.

Un jour, je gagne un séjour dans un palace en Grèce grâce à un concours Skyrock. Je me retrouve sur une terrasse face à la mer, avec un banquier juif à ma gauche et un mafieux russe à ma droite. Ils me proposent un cigare, on le fume devant le coucher du soleil. Concrètement, j'ai tout ce qu'un homme pourrait rêver...

C'est là que j'ai le bug. Un bug dans le Karma.

Je me dis « ok je suis là, j'ai tout ce que je voulais, mais quel est le sens de tout ça ? »

A moment-là, je suis un peu comme Thomas Anderson, quelques temps avant qu'il suive le lapin blanc et ne devienne Néo, quand il est assis sur un canapé en cuir défoncé dans un squat de la Matrice et que Morphéus s'adresse à lui pour la première fois.

CHAPITRE 8

LA SAGESSE DE L'ÉCHEC

René Magritte (1898-1967) est un peintre surréaliste belge de la première moitié du 20e siècle. Il y a un de ses tableaux qui s'appelle « la trahison des images ». Il a été peint entre 1928 et 1929 et est devenu l'un de ses tableaux les plus connus, et même l'une des œuvres surréalistes les plus célèbres du monde. Sur ce tableau, Magritte a dessiné de manière extrêmement réaliste une pipe en bois, dans un modèle très classique, connu de tous. Et il a ajouté une légende en dessous du dessin, écrite en encre noire : « Ceci n'est pas une pipe ».

De nombreuses interprétations ont bien sûr été faites. L'une des plus évidentes est que Magritte veut montrer que, même peinte de la manière la plus réaliste possible, une pipe représentée dans un tableau n'est pas une pipe à proprement parler. Elle ne reste qu'une image de pipe, qu'on ne peut ni bourrer ni fumer. Derrière ce travail, l'intention du peintre est de susciter l'imagination et la réflexion du spectateur qui tirera les conclusions qu'il souhaitera sur la question de la réalité des choses en général.

Cette œuvre nous amène effectivement à un questionnement bien plus large. Quel sens met-on derrière un mot ou une image ? Est-il forcément universel ? Un mot est-il uniquement ce qu'il décrit ? Ou bien prend-il, comme le caméléon, une teinte particulière selon l'environnement de celui qui le lit, l'écrit ou l'analyse ?

Le mot « liberté » par exemple, est si large et si puissant que son sens ne peut être universel. La perception de la liberté chez les uns peut être très différente de la perception chez les autres, selon l'expérience, la culture ou même la langue.

Alors, si je te disais que moi, dans mon monde, **l'échec** n'existe pas... Que si tu me racontais une situation que tu as complètement foirée, si je te demandais même de me la peindre aussi précisément, aussi justement, que Magritte l'a fait avec sa pipe, et que je t'écrive en bas de la feuille « ceci n'est pas un échec »... Qu'est-ce que tu te dirais ?

Bien sûr, pour toi il s'agit d'un échec parce que tu te le représentes comme tel, tu t'as d'ailleurs toujours pensé que ne pas réussir quelque chose c'était échouer. Eh bien moi, dans mon monde, l'échec n'existe pas. Il est, comme beaucoup d'autres choses, une simple croyance, une interprétation subjective des événements. Je n'utilise plus les mots « épreuves », « échec », « ratage ». Je les remplace par « expérience », « feedback » (et tant pis pour l'anglicisme), « itération ». Ce qui ne marche pas n'est en réalité qu'une étape, qu'un brouillon de la réussite. Je dirais même qu'échouer fait partie intégrante de la réussite. Chaque chute permet de s'améliorer et de sortir une meilleure version de soi-même et de ce qu'on essaye d'accomplir. Un peu comme Apple qui sort chaque année un nouveau modèle d'iPhone, sensé palier aux défauts des précédents et proposer de nouvelles fonctionnalités.

Toutes les personnalités qui ont marqué notre Histoire ont connu leur lot d'échecs. Thomas Edison, dont nous connaissons l'histoire, disait « je n'ai pas échoué, j'ai simplement trouvé 10 000 solutions qui ne fonctionnent pas » avant d'inventer l'ampoule et de révolutionner l'accès à la lumière pour tous les foyers du monde. Il disait aussi « Notre plus grande faiblesse réside dans l'abandon ; la façon la plus sûre de réussir est d'essayer une autre fois. »

Ces échecs sont en effet autant d'occasions de développer sa patience, sa persévérance et son abnégation.

A l'inverse, si l'échec est considéré comme un point final et une raison de tout arrêter, alors la réussite ne peut advenir.

Mais au fond, l'échec n'est-il une excuse pour celles et ceux qui n'ont pas le couRAGE de continuer ?

95% des gens arrêtent d'essayer après un « échec », ou ce que j'appellerais personnellement « une expérience ». Ils considèrent en effet qu'ils ont trop souffert dans l'équation et qu'il est donc préférable de s'arrêter là. Les 5% restant eux, ont bien compris qu'il fallait essayer-échouer, essayer-échouer, jusqu'à trouver le bon chemin, la bonne version, le bon outil pour réussir et vivre leur légende personnelle jusqu'au bout. D'ailleurs, Paulo Coelho écrit dans « L'Alchimiste »: « Il n'y a qu'une chose qui puisse rendre un rêve impossible, c'est la peur d'échouer. »

J'ai vécu cette équation plusieurs fois sur le chemin de ma légende personnelle. Quand je me suis fait virer de l'association que j'avais créée, j'aurais pu le voir comme un échec, une preuve que ce n'était pas la peine de continuer sur cette voie. Mais j'ai décidé de le voir plutôt comme une étape, comme LE signe évident qu'il fallait que je persévère et que je vise plus haut. Et c'est comme ça que j'ai fondé LIFE.

Notre première mission se déroule au Togo où nous distribuons de la nourriture dans une prison, l'une des pires prisons au monde, réputée comme telle par Amnesty International. Comme tout se passe bien, nous décidons de réitérer l'expérience au Cameroun.

Là-bas, nous avons un objectif clair, un budget défini. Mais un jour, je suis interpellé par une femme qui implore notre aide. Elle me montre la photo de sa fille, une jeune adolescente qui a une jambe rongée par le cancer. Il lui faudrait un traitement à l'hôpital, mais la famille n'en a pas les moyens. L'humilité et le désarroi de cette femme me brisent le cœur, et je décide de faire un long trajet avec quelques membres de mon équipe pour aller chez elle voir sa fille.

Quand nous rentrons dans la case, une odeur atroce nous saisit. La jeune fille est allongée sur une natte, la jambe gangrenée par la maladie. Elle souffre horriblement et il est évident qu'elle a besoin de soins d'urgence. Le problème, c'est qu'il nous faudrait environ 2000€ pour l'emmener à l'hôpital et la faire soigner, et nous n'avons pas cette somme. Il va donc falloir faire une collecte, puis procéder à un virement international une fois l'argent récolté car nous serons déjà rentrés en

France. Malgré toutes ces difficultés, je m'engage auprès de la famille.

Je fais des pieds et des mains pour récolter les fonds, mais au bout de quelques jours après mon retour en France, notre contact camerounais m'appelle. « Inutile de récolter l'argent, la petite est morte. »

Cette expérience, je la vis d'abord comme le pire des échecs. Je n'ai pas été assez rapide, je n'ai pas pu récolter les fonds assez vite, et la fille est morte. Je nourris un sentiment de culpabilité tenace.

C'est mon coach en levée de fonds qui va m'aider à détruire ce sentiment négatif et à me nourrir de cette expérience douloureuse pour m'améliorer. Grâce à cela, je deviens un excellent collecteur de fonds et j'apprends surtout un principe fondamental : Si je suis dans l'humanitaire, c'est pour faire les causes. Les conséquences ne m'appartiennent pas. Croire le contraire ferait de moi un être complètement enfermé dans son égo, qui finirait par se prendre pour le sauveur de l'humanité, alors qu'il n'a aucun pouvoir sur le destin des gens.

Quand Bruce Wayne devient Batman, une grande partie de sa force vient de son humilité. Il a vu mourir sa mère sous ses yeux, il n'a pas pu empêcher son meurtre. Il sait qu'il ne pourra jamais combattre le mal à lui tout seul, ou sauver tous ceux qui sont en détresse. Mais son objectif est de contribuer à la lutte, d'investir sa force et son argent pour faire le plus possible de causes. Des erreurs, il en a commis et il en commettra. Mais son rôle se limite à apprendre de ses échecs pour accomplir de meilleures causes. Et abandonner n'est pas une option.

RÈGLE KARMA N°15

Si tu essaies, tu as une chance de perdre.
Si tu n'essaies pas, tu as déjà perdu.

Pour beaucoup de gens malheureusement, l'échec est uniquement synonyme de souffrances, et les tremplins ne sont réservés qu'à une élite dont ils ne font pas partie. Combien de personnes disent, lorsqu'ils sont éprouvés, « c'est mon lot, c'est comme ça » ? Pourtant, l'épreuve est un appel au changement et l'échec n'est que temporaire si on se relève avec force et détermination. C'est si l'on reste à terre qu'il devient une constante.

Transformer n'importe quelle épreuve en tremplin est un mindset, un état d'esprit. C'est comme en aïkido, où la force et l'agressivité de l'ennemi se retournent contre lui : plus il frappe, plus il souffre et perd le combat. L'aïkido, c'est l'art d'utiliser la force de l'adversaire pour le vaincre et éliminer toute forme de combat. C'est exactement la même chose avec l'art de transformer les épreuves en tremplin : il s'agit de recycler les coups durs et les échecs pour les transformer en résilience et en courage. La souffrance n'est généralement que le signe d'un mauvais alignement, tout simplement. C'est comme une sorte de SMS que ton corps, ton âme, ton inconscient t'envoient pour t'appeler vers le voyage de ta légende personnelle, pour t'appeler vers un ensemble d'actes qui vont provoquer le changement et te couper définitivement de cette souffrance.

Deng Xiaoping (1904-1997) était Secrétaire Général du Parti Communiste chinois dans les années 50. Ne regarde pas trop sa biographie, car il n'y a pas que du bon. Néanmoins, il a dit une chose intéressante : « What is right is what works »

En gros, pour savoir ce qui est bon, regarde ce qui marche. Il y a des gens qui passent leur vie à peaufiner des choses, qui passent des mois à travailler sur des taches secondaires, mais qui n'aboutissent à rien ou presque. Ils sont tellement dans la crainte de l'échec, qu'ils s'enlisent dans le perfectionnisme.

Il y a quelques temps, un de mes élèves m'a confié qu'il travaillait depuis 4 mois sur un logo… 4 mois ! Le soir, je l'ai emmené avec d'autres élèves manger dans l'un des meilleurs restaurants italiens de Paris. Quand nous sommes arrivés, il y avait une queue immense, mais heureusement nous avions une table réservée. Alors que nous allions nous installer, j'ai dit à mes élèves : « regardez le logo » et je leur ai expliqué que le gérant l'avait fait en quelques clics, en Arial sur Paint. Aujourd'hui, son restaurant est l'un des plus connus de Paris, avec un taux de remplissage de 100% et des clients qui réservent des mois à l'avance. Il a même dû embaucher d'autres serveurs et acheter une deuxième caisse enregistreuse. Par contre, il ne s'est jamais pris la tête sur le logo car la réussite ne se joue pas à ça.

D'ailleurs, un de mes mentors disait toujours: **« Tant que tu as besoin d'une carte de visite pour te présenter, c'est que tu n'es personne ».** Autant dire que c'est valable aussi pour le papier à en-tête et les logos sophistiqués. Au lieu de passer des heures à soigner le graphisme de ton CV, investis ton énergie dans des choses extraordinaires pour qu'en fin de compte, tu n'aies plus besoin de CV.

Deng Xiaoping a ajouté (en substance): « Je me fiche que le chat soit noir ou blanc, l'essentiel est qu'il attrape des souris ». Des études ont été faites sur des applications de jeux qu'on donnait à tester aux gens sur leur iPhone. L'une d'elles était très belle, design moderne et agréable, parfaitement bien présentée. Mais elle ne fonctionnait qu'avec la 3G, donc on ne pouvait pas jouer avec dans l'avion ou le métro. Alors qu'une autre application beaucoup plus sommaire au niveau esthétique, fonctionnait à tous les coups, 3G ou non. Evidemment, les gens ont de loin préféré utiliser l'application moche mais performante, plutôt que celle qui avait la classe mais qui fonctionnait mal.

Applique ce principe dans ta vie : pense progrès et non perfection, car la perfection sclérose le cerveau. Sans compter que pendant que tu perds du temps à la chercher en vain, d'autres avancent et font bouger les lignes.

RÈGLE KARMA N°16

Une vision sans action n'est qu'une hallucination.

CHAPITRE 9

LA FABRIQUE DU WARRIOR

Quand j'étais en cinquième, je me suis fait virer du cours d'Histoire-géo et d'Éducation civique pour toute l'année.

Tout a commencé dans un centre commercial. Ma mère et ma tante y allaient tous les week-ends, pour voir des trucs qu'elles n'achetaient jamais. Elles me disaient d'aller me distraire chez Toys'R'Us, mais j'avais repéré un magasin beaucoup plus intéressant juste en face. C'était une grande librairie remplie de livres anciens et modernes qui s'empilaient jusqu'au plafond et qu'on n'atteignait qu'avec une vieille échelle en bois. Elle était tenue par un espèce d'alchimiste un peu fou, qui avait les cheveux en pétard et des petites lunettes rondes vissées sur son nez. Chaque week-end, j'entrais dans sa librairie et je prenais des livres dans les rayons. Je m'asseyais dans un coin, et je les feuilletais. Il n'y avait jamais personne, alors j'étais tranquille pendant des heures.

A force, l'alchimiste a fini par me repérer et à m'observer du coin de l'œil. Au bout de quelque temps, il venait vers moi quand je choisissais des livres, faisait mine de farfouiller dans ses étagères, puis se perchait sur son échelle pour m'observer d'en haut. Dès que je prenais un livre, il faisait « hum hum » en remuant la tête pour dire non. Puis il me faisait signe d'aller à l'étagère d'à côté. Je prenais alors un autre livre et il faisait « hin hin » en hochant la tête avec un sourire satisfait.

C'est dans son antre que j'ai lu énormément de livres sur l'Égypte, car à l'époque c'était le thème du moment en cours d'Histoire. C'est comme ça que je découvre Cheikh Anta Diop et ses thèses extraordinaires sur l'histoire de l'Égypte et des pharaons. Je lis « Civilisation ou barbarie. L'anthropologie interdite » ainsi que des comptes-rendus du colloque du Caire en 1974, où l'ensemble des savants présents avaient reconnus que les thèses de Cheikh Anta Diop étaient justes.

Candide, je prépare donc un TP sur l'Égypte à partir de toutes les recherches que j'ai faites. Ma prof d'Histoire était aussi celle d'Éducation civique, et c'était l'archétype de la militante FN. Quand je commence à parler du fait que les pharaons étaient très probablement noirs, et que l'Égypte construisait des pyramides alignées sur la ceinture d'Orion pendant que l'Europe savait à peine lire, elle se met à hurler. Comme j'ai plein d'arguments, et que je maitrise à fond mon sujet, je ne lâche pas l'affaire. Elle m'exclue donc des cours d'Histoire pour tout le reste de l'année. Je lui dis qu'elle devrait aussi m'exclure des cours de géographie, car je compte bien aborder la question de la carte du monde qui est complètement faussée et qui place l'Europe en haut, au milieu, alors que ça n'a aucun sens scientifique.

Furieuse, elle m'exclue de tous ses cours. Histoire, géographie et éducation civique.

Durant mes heures de libres, je traîne avec les cailleras du collège qui sont en section mécanique ou bien je reste des heures dans une salle d'études à écrire des poèmes.

Je serais curieux de savoir quelle tête elle ferait aujourd'hui si elle savait que j'ai fait l'école des mines et que je suis allé jusqu'à bac +6...

A cette époque-là, je comprends que le savoir, je vais devoir aller chercher moi-même. Et que quand je débusquerai des vérités, je devrai trouver des moyens de les transmettre.

Des années plus tard, je reprends donc mes études avec la conviction ferme et absolue que LIFE est le futur, et la locomotive de ma légende personnelle. J'investis tout mon argent pour étudier, mais mes réserves finissent par s'épuiser totalement au point qu'à la fin d'une année scolaire, je comprends que je ne pourrai pas continuer l'année suivante. Je suis tellement en galère que je vais aux Restos du Cœur pour me nourrir, mais ça ne suffit pas pour économiser les frais de scolarité. Je crois que je vais devoir arrêter en route, et ça me tue.

Avant les vacances d'été, mon école lance un grand concours de lecture : il faut lire minimum 10 000 pages pendant l'été et préparer des fiches de lecture, avant de les présenter devant un jury à la rentrée. Le gagnant se verra offrir sa scolarité.

Il n'en faut pas plus pour me motiver. Pendant deux mois, je m'enferme chez moi pour lire. De temps en temps, mes potes m'appellent pour me proposer de sortir et je les jette en l'air, je n'ai pas le temps de boire du thé ou de me balader sur les quais de Seine. Je me transforme en ascète, je réduis mon sommeil, je ne mange que de la nourriture bio et saine, je sors uniquement pour faire du sport. Et cette hygiène de vie me sera tellement profitable, que je n'en ai jamais vraiment changé. C'est devenu mon IOS.

Tu connais l'IOS, j'imagine ? Ce logiciel des iPhones qui détermine la performance de l'appareil ? Eh bien imagine que ton corps et ton esprit forment à eux deux un

IOS, une machine avec un ordinateur de bord. Ton corps est la machine, et ton esprit est l'ordinateur de bord. Tout ce que tu vas absorber sera software ou malware. Un software est un logiciel, un malware est un virus. Tout ce que ton corps assimile est donc l'équivalent de logiciels, de disquettes, ou de câbles USB. Il suffit de brancher un mauvais câble, ou d'avaler un malware, pour abîmer complètement l'ordinateur. C'est pour cela qu'on ne télécharge pas des virus, mais des logiciels qui vont nettoyer l'ordinateur et en prendre soin. Je te conseille de faire exactement pareil avec ton corps et ton esprit, en trois étapes clés :

- **IOS 1.1** : Elimine le micro-onde ! Parce que bombarder ta nourriture d'ondes à micro-ondes, c'est un peu comme si tu réchauffais ton plat dans une centrale nucléaire.
- **IOS 1.2** : Supprime la télévision ! "Ordinary people have big TVs, extraordinary people have big libraries". Les gens ordinaires ont de grandes télés quand les gens extraordinaires ont de grandes bibliothèques. Pas des bibliothèques Ikea pour faire joli, mais de vraies bibliothèques dont tu as lu les ouvrages.
- **IOS 1.3** : Dis adieu à la junk food ! Elimine autant que possible les sodas, le sucre blanc, les sandwiches...

Soyons clairs, on ne peut pas avoir un corps de spartiate en mangeant des bonbons Haribo.

Souvent, on se jette sur la nourriture grasse et sucrée quand on est déprimé ou qu'on a envie de se faire plaisir. C'est ce que les Américains, experts en la matière, appellent « comfort food ». En faisant cela, on s'accroche à la satisfaction du plaisir immédiat, mais dont les effets sont aussi fugaces que néfastes sur le long terme.

- **IOS 1.4** : Fais du sport ! Des études très sérieuses, comme celle réalisée par des chercheurs français, anglais et portugais et publiées dans une revue médicale[1], **démontrent que l'activité physique est associée à une importante réduction des états dépressifs et anxieux. Par ailleurs, les hormones secrétées par la pratique du sport décuplent les capacités intellectuelles.**

A la fin de l'été, non seulement j'ai atteint les 10 000 pages, mais en plus j'ai préparé des powerpoints, des fiches de lectures de 100 pages sur chaque bouquin, incluant des recherches annexes et mes réflexions per-

1. « Effet de l'activité physique sur l'anxiété et la dépression », étude réalisée par les chercheurs Margarida Gaspar De Matos, Luis Calmeiro et David Da Fonseca, publiée dans La Presse Médicale, volume 38, Issue 5, Mai 2009, pages 734-739. Consultable sur Google Scholar.

sonnelles. Je suis gonflé à bloc. Et quand j'arrive dans la salle, il y a un jury de professeurs et 4 ou 5 personnes dans le public, dont un couple d'amis à moi venus me soutenir.

Par contre, je m'aperçois assez rapidement que je suis le seul concurrent. Quand je demande « on n'attend pas les autres ? » les professeurs répondent en rigolant « Parce que tu crois qu'il y en aura d'autres ? Qui passe son été à lire des livres de nos jours ? »

Avec mes fiches de lecture et mes powerpoints, je passe pour un fou. Mais n'empêche que je gagne le concours et qu'ils me payent mon année ainsi que tous les livres dont j'ai besoin pour étudier.

Quelques temps plus tard, je pars en Suisse voir un ami qui est cadre haut placé dans une grosse société. Il accepte de m'aider dans Life sur un certain nombre de choses. Je lui raconte l'histoire du concours et quand il comprend que j'ai mis deux mois à lire 10 000 pages il tique. Il m'explique qu'avec la technique de lecture rapide, tu peux lire 50 bouquins en 3 semaines. « Si tu veux, je t'initie »

Quand l'élève est prêt, le maître apparait.

Formé à la lecture rapide, je deviens une machine de guerre. A l'école, je passe mon temps dans la bibliothèque à lire, j'ai toujours un temps d'avance sur les autres, et je récolte les meilleures notes. Je me lance l'objectif de lire toute la bibliothèque de l'école en deux ans.

Forcément, les autres élèves ont vu mon manège et commencent à s'intéresser à ma méthode un peu bizarre qui semble porter ses fruits. Une fille qui est élève avocate me demande de lui enseigner la technique, car elle a énormément de matière à lire et à intégrer dans son cursus. Je fais un premier cours individuel, puis un autre. Au bout d'un moment, les gens me conseillent de faire payer mes cours, d'autant plus que j'ai besoin d'argent. Je me dis que je tiens peut-être quelque chose.

Sans plus attendre, je crée une micro-entreprise et dispense mon premier cours. Les élèves sont tellement enthousiasmes que le bouche-à-oreille fonctionne. Ma petite entreprise devient Trans-Formations, avec à son actif aujourd'hui plus de 10 000 personnes formées dans près de 100 pays.

Il y a quelques temps, un de mes élèves de la formation Booster d'Excellence a laissé un commentaire dans notre groupe Facebook.

« Il y a maintenant 10 ans, j'empruntais un livre par semaine à la bibliothèque de mon école. J'adorais lire jusqu'au jour où un individu empruntait 10 livres par semaine dans cette même bibliothèque. Je suis allé le voir pour qu'il m'explique « son délire ». Il m'a parlé de lecture rapide, de PNL et de prise de notes. A vrai dire, à l'époque mes priorités c'était plutôt les savants dont je lisais les ouvrages. Alors j'ai mis ces « sciences occultes » dans un coin de ma tête et je lui ai demandé son prénom.

« Steve »... »

Au fond de ma Batcave, j'ai compris que grâce à tous mes mentors et à toutes mes expériences de vie, j'avais réussi à créer un véritable IOS de l'excellence et que je n'avais pas le droit de le garder pour moi. Il fallait que je le transmette, et cela faisait aussi partie de ma légende personnelle. « Et toi, tu es qui pour priver le monde de ta lumière ? » m'avait lancé ma prof de français. Aujourd'hui, c'est à mon tour de poser cette question.

Récemment, durant une formation, un de mes élèves a témoigné devant tout le monde en racontant qu'il y avait la fille de ses rêves à son bureau mais qu'il n'osait pas l'aborder. Il nous a expliqué qu'il était timide et que ça l'empêchait d'agir. « Je peux me permettre d'être en sincérité radicale ? » lui ai-je demandé. Il a hésité quelques instants – sentant d'instinct que ma réponse allait le piquer – et m'a finalement donné le feu vert. Je lui ai alors dit qu'il ne fallait pas confondre timidité et stupidité. Un petit garçon est timide, il a peur d'aller aux toilettes tout seul, et demande à son père de l'accompagner au manège. Mais quand tu n'es plus un petit garçon, tu te donnes toi-même la permission de faire les choses, tu n'as plus besoin de ton papa pour t'accompagner. La timidité ne peut pas servir d'excuse pour ne pas accomplir sa légende personnelle. Pas plus que les réflexions interminables, comme autant d'excuses pour ne pas passer à l'action. Avoir du courage, c'est agir selon ses convictions, tout simplement. Sans attendre que la vie s'écoule et que le monde tourne sans toi.

Il faut aussi avoir le courage de sortir de soi ce qui n'a pas vocation à rester en soi. De s'affirmer auprès des autres et de les respecter en étant sincère avec eux.

Il y a deux méthodes très efficaces pour cela : la communication non-violente, et la sincérité radicale. Deux modes de communication opposés mais que tu vas pouvoir allier selon les gens et les situations.

L'idée, c'est de sortir de soi-même ce qu'on a à dire, et de communiquer en toute transparence avec les autres. On pourrait aussi l'appeler « la stratégie Shrek » car comme il le dit si bien quand il pète : « Il vaut mieux que ce soit dehors que dedans ». Beaucoup de gens gardent tout à l'intérieur et ça les ronge. Ils se montent des scénarios de films sur ce qu'il pourrait se passer s'ils lâchaient enfin ce qu'ils pensent ou ce qu'ils ressentent. Ils s'imaginent que cela déclencherait des catastrophes, alors qu'en réalité dire les choses de manière sincère et honnête ne génère que du mieux-être, en soi et avec les autres.

Quand je travaillais en cuisine, il y avait quelqu'un avec qui je ne m'entendais pas. Un jour, je l'ai pris à part et je lui ai dit : « Écoute, je ne t'embêterai plus jamais, tu ne m'embêteras plus jamais, on ne se parle pas, on ne se calcule pas et on fait tout pour ne pas travailler ensemble les mêmes jours. Parce que toi et moi on ne s'entend pas ! On a essayé mais ça ne fonctionne pas » Contrairement à ce qu'on pourrait penser, il a très bien réagi et m'a dit qu'il préférait largement que je lui dise les choses sincèrement plutôt que je le regarde avec un sourire hypocrite. Au final, je crois qu'on a fini par s'aimer sans s'apprécier. Une vraie prouesse, grâce à une parole simple et sincère.

La communication non-violente est très prisée de nos jours, on l'évoque particulièrement dans l'éducation des enfants. Plus connue sous le nom de « technique du sandwich » ou « l'attaque de côté », elle consiste à éviter l'affrontement qui risquerait de vous blesser et l'autre avec. Il s'agit au contraire « d'attaquer » votre interlocuteur par le flanc.

Concrètement, voilà comme ça se passe lorsque tu as quelque chose à dire à quelqu'un :

La tranche de pain : « J'ai aimé que tu sois sincère et que tu partages tes sentiments vis à vis de moi »

le contenu du sandwich : « Ce que j'aurais aimé, c'est que tu fasses preuve de plus d'empathie, que tu m'apportes davantage d'éléments concrets quant à ce que je t'ai fait, et peut-être que tu me dises tout cela à un autre moment plus approprié »,

la tranche de pain qui ferme le sandwich : « J'apprécie en tout cas énormément que tu partages tes émotions avec moi et je t'en remercie sincèrement ! »

Intégrer des éléments positifs dans la critique permet de préserver l'égo de l'autre, en le mettant en confiance et en amenant les choses avec bienveillance.

La sincérité radicale, quant à elle, ressemble davantage à une « attaque frontale » même si elle n'a en aucun cas l'objectif de blesser l'autre. D'ailleurs, avant d'utiliser cette méthode, prends toujours le temps de demander à ton interlocuteur s'il accepte que tu t'adresses à lui sans filtre. En lui expliquant au passage que les émotions ne sont pas biodégradables, et qu'il est préférable qu'elles sortent plutôt qu'elles pourrissent à l'intérieur de toi, et de lui ! La sincérité radicale va alors dans le respect de l'autre, et de ton écologie interne. Il s'agit de dire les choses sans filtre, de manière directe et sincère. C'est un peu l'équivalent du « au moins, c'est dit ! » mais avec bienveillance et respect.

Par exemple : Une personne adopte un comportement qui te blesse ou que tu estimes être dangereux pour lui-même ou pour les autres. Tu as globalement 3 options :

- Ne rien dire, par peur du conflit, et laisser pourrir ton ressenti à l'intérieur de toi, tout en laissant ta relation avec l'autre se dégrader
- Prendre 4 chemins pour dire les choses, au risque que le message ne passe pas ou passe mal
- Passer en mode « Sincérité radicale » et dire les choses sans filtre, mais avec bienveillance et respect : « Est-ce que je peux me permettre de te dire franchement ce que j'en pense ? Je crois que tu es en train de prendre un chemin dangereux qui risque d'avoir des conséquences mauvaises sur toi et ton entourage. » Ou encore : « Est-ce que je peux me permettre de dire ce

que je ressens ? Ton attitude m'a vraiment blessé, je ne me suis pas senti respecté et soutenu. » Etc.

L'idée, c'est bien entendu d'adapter ta méthode de communication – sincérité radicale ou sandwich – en fonction du contexte et de la personne que tu as en face de toi. Plus tu utilises ces techniques, plus tes croyances limitantes vont s'auto-détruire : « Non il ne se passe rien de grave si je dis les choses sincèrement. Oui il est possible qu'il y ait un froid entre nous quelques temps, mais au final la relation en ressortira plus forte et plus sincère. Alors que si je n'avais rien dit, elle aurait pourri de l'intérieur. »

Aujourd'hui, les gens élèvent leurs enfants pour qu'ils les rejoignent dans leur prison du conformisme. La sincérité radicale, c'est rompre avec ce schéma malsain qui génère du stress, un manque de confiance, d'amour et d'intimité entre les gens. Elle consiste à dire aux gens qui t'entourent ce que tu as fait, ce que tu projettes de faire, ce que tu penses et ce que tu ressens, dans un partage authentique qui permet de nouer une relation saine et profonde avec l'autre.

La sincérité radicale est à l'origine une technique de communication proposée par le psychologue américain Brad Blanton, dans laquelle les interlocuteurs n'ont pas le droit de mentir ni de tromper. Elle est conçue pour réduire le stress et faire en sorte que les pratiquants expriment leurs sentiments sans aucun ménagement, quand bien même cela pourrait être considéré comme de l'impolitesse caractérisée. L'objectif est d'éviter tout «mensonge blanc» pour aller vers une relation plus véridique avec nous-mêmes et les autres. D'apparence un peu bourru, ce mode de communication est en réalité un générateur d'amour et de respect, tant en nous-mêmes qu'avec les autres.

RÈGLE KARMA Nº 17

Tant que nous ne sommes pas en amour avec nous-mêmes, nous sommes une fréquentation dangereuse pour les autres.

CHAPITRE 10

LA VALSE DES MENTORS

Championnats du monde de lecture rapide et de Mind Mapping. Hong Kong, 2018.

Avec mon équipe, nous sommes arrivés 3 jours en avance, histoire de bien kiffer notre voyage. On s'est entraîné pendant toute l'année, alors les révisions de dernière minute ne servent à rien. Place à la sérotonine, à l'adrénaline et à la dopamine! On se promène partout, on mange des insectes, on rencontre des concurrents venus de pays improbables.

Mon équipe, c'est la Ligue des Mutants. Elle n'est composée que de cancres, de racailles, de gens qu'on avait relégué au fond de la classe, et d'un mec malentendant. A leur tête, un type qui est passé du fond de la classe à l'Ecole des Mines, de l'armée au rap, et du slam au développement personnel.

Il y a un an, j'étais un looser à qui Tony Buzan[1] n'avait même pas serré la main. Aujourd'hui, je suis entraîneur de l'équipe de France et le premier à avoir ramené aux championnats du monde un livre en français, quand jusqu'à maintenant c'était anglais imposé pour tout le monde. Je ne respecte pas les règles, non ! Je les adapte, je brise la matrice et je pirate le karma. La preuve, mon initiative à la french thug a inspiré les Chinois eux-mêmes, qui ont décidé d'apporter un livre en chinois pour passer leurs épreuves.

A la compétition, je suis assis sur mon fauteuil de juge et je regarde mes élèves grimper les marches du podium. Mon équipe, avec son livre en français, rafle 7 médailles. Or et argent en lecture rapide ; or, argent et bronze en Mind Mapping, dans plusieurs catégories. Je suis fier de ma Ligue des Mutants, fier de toute l'énergie qu'ils ont investie en eux et de tout le chemin qu'ils ont parcouru pour arriver jusqu'ici.

Au moment où ils montent sur la scène, j'ai un flash-back. Je me revois à 20 ans, assis en face de mon père à Tunis quelques jours après l'avoir rencontré pour la première fois. Je l'entends me dire « Tu sais Steve, si tu

1. Né à Londres en 1942, Tony Buzan est un psychologue spécialiste de l'apprentissage, de la mémoire et du cerveau. Il est notamment connu pour ses méthodes de Mind Mapping.

as grandi sans père, c'est peut-être parce que le karma a décidé que tu n'en avais pas besoin. Et que plus tard il te donnerait autre chose en compensation ».

Dans ma tête, valsent tous les mentors que j'ai croisés sur ma route et qui m'ont chacun apporté quelque chose, un fruit que j'ai fait mûrir et que je partage aujourd'hui avec les autres.

A quelques mètres, se tient l'un deux, Tony Buzan. Celui que j'appelle « Tony B » avec l'accent english, celui que j'ai rêvé pendant des années de rencontrer et d'avoir pour mentor. Celui qui a amené sa part de progrès sur terre en débloquant le cerveau pour upgrader les gens.

Je le rejoins sur la scène, auprès de mon équipe, pour une photo de groupe. C'est l'effervescence, la salle est bruyante et heueuse, j'entends à peine ce qu'il me dit. Quand tout le monde est occupé à se montrer ses médailles, il se penche au-dessus de mon épaule droite et me glisse à l'oreille : « Tu es l'entraîneur qui a réussi à rafler plus de prix en un championnat que la France ne l'avait jamais fait en 30 ans de compétitions. Bravo ! Le flambeau est passé. »

Debout sur cette scène, ce soir-là, à Hong-Kong j'étais loin de me douter que j'apprendrai, quelques semaines plus tard, la mort de Tony B.

Je ne m'imaginais pas non plus que mon équipe serait la dernière à gagner les championnats du monde de son vivant.

« Le meilleur moment pour réaliser ses rêves, c'est maintenant, tant qu'il en est encore temps ».

C'est une règle de vie que j'essaie de transmettre quotidiennement à mes élèves. Elle prend encore plus de sens après cet événement tragique.

Je me souviens encore de mon échange avec lui et de cette phrase qui raisonne encore en moi : « Si on peut muscler son corps, on peut aussi muscler son cerveau; les sports mentaux comme la lecture rapide sont le futur, et toi et moi en sommes les ambassadeurs. » m'a t-il dit. Plus qu'un simple héritage, ces propos représentent un réel dépôt qui tel un flambeau, m'incite à continuer de transmettre et partager le fruit de plusieurs décennies de travail, de recherches et découvertes.

La veille de la compétition, mon équipe et moi nous sommes retrouvés pour dîner dans un restaurant près de notre hôtel. Dans une ville assaillie par les lumières et le bruit, le bouge dans lequel on s'est posé ressemblait à une échoppe d'un autre temps. L'entrée était éclairée par des lanternes rouges, mais à l'intérieur on distinguait à peine le contenu de nos assiettes. Ce qui n'était pas plus mal, vu l'odeur qui se dégageait du bac à poissons posé derrière le bar.

Le serveur nous a installé au fond de la salle, autour d'une table ronde avec des banquettes en velours. On a commandé un cocktail de fruits exotiques pour ouvrir le repas, et c'est au moment de trinquer que j'ai choisi de faire mon speech.

« Mes amis, j'ai un message important à vous transmettre ce soir, un message et 10 conseils qui peuvent vous aider, je l'espère, à booster votre excellence. » Pour commencer, je vais vous raconter l'histoire d'un p'tit bonhomme, et ce p'tit bonhomme c'était moi.

Marc Aurèle disait : « Si tu es bloqué sur le chemin, alors tu es sur le bon chemin ». Pendant longtemps, je suis resté bloqué sur le chemin de ma légende personnelle. J'en ai souffert énormément, sûrement comme de nombreuses personnes souffrent actuellement et se disent tous les jours : « Si seulement je pouvais booster mon excellence alors je pourrais enfin découvrir et accomplir ma légende personnelle. » Et puis un jour, suite à plusieurs épreuves, j'ai compris qu'il fallait un vrai grand changement dans ma vie d'adolescent.

Le **conseil n°1** pour booster votre excellence est d'arrêter de brasser de l'air et de parler sans jamais vous arrêter pour au contraire agir. Ressaisissez-vous et choisissez d'effectuer un acte fort pour enfin quitter « votre traversée du désert » pour répondre ensuite à « l'appel du destin ».

Oui je sais, essayer une chose nouvelle pour changer, c'est aussi prendre un risque. Alors, relevez la tête et imprimez maintenant dans votre esprit le **conseil n°2** pour booster votre excellence, car il vous révèle que si vous faites ce que vous avez toujours fait, vous n'obtiendrez rien d'autre que ce que vous avez toujours obtenu. Rien de plus.

Ensuite, vous pouvez passer tout de suite au **conseil n°3** qui vous explique que ce n'est pas parce que les choses sont difficiles que vous n'osez pas, c'est parce que vous n'osez pas qu'elles sont difficiles. Ben ouais, qu'est ce que vous croyez ? Statistiquement parlant la peur a tué plus de rêves que l'échec. Mais il est temps de vous rassurer en n'oubliant jamais le **conseil n° 4** : Soit vous gagnez, soit vous apprenez, donc vous ne pouvez pas perdre. Vous ne pouvez que gagner ou apprendre.

Vous voyez, j'aurais pu ne prendre aucun risque et écouter sagement le formidable conseil de Thérèse, ma conseillère d'orientation qui voulait que je devienne balayeur. J'ai préféré prendre un risque et lui dire d'aller se faire voir, ensuite je me suis engagé dans les commandos militaires, quelques temps plus tard j'ai démissionné car on m'a demandé d'aller massacrer des civils. Aujourd'hui je suis formateur expert en sciences comportementales et je suis aussi président d'une O.N.G qui a distribué plusieurs millions de repas en Afrique et a bâti environ 1000 projets dont des puits, des écoles, etc. La morale : ce n'est pas que je suis un héros, non pas du tout si vous avez bien écouté mon histoire je suis même un anti-héros. On peut donc dire que si je suis là aujourd'hui c'est parce que j'ai suivi le **conseil n°5** qui dit qu'il ne faut jamais croire quelqu'un qui affirme que vous ne pouvez pas le faire, que vous n'avez pas de chance dans votre vie et que c'est comme ça, que c'est complètement fou de venir en Chine pour passer un concours de lecture, et que vous n'arriverez jamais sur le podium.

Ces croyances limitantes vous n'êtes pas obligé d'y croire, ce sont juste des croyances, pas votre réalité, point.

Thomas Jefferson, disait : « Je me suis rendu compte que plus je travaille dur, plus j'ai de la chance. » Et ouais nos vies ne sont que le miroir de nos choix...

C'est d'ailleurs ce que vous devez intégrer impérativement avec le **conseil n°6**, car il vous enseigne que dans la vie vous n'avez que 2 choix : Positiver et vous dire que toutes vos erreurs sont juste la preuve que vous au moins, vous essayez, ou alors baissez les bras en confondant difficile et impossible..

Mes amis, moi je ne crois pas en la chance, non, je crois en le **conseil n°7** qui dit que chance hasard et coïncidence, sont juste le nom que les ignorants donnent à leur ignorance, rien de plus. Vous voulez savoir en quoi je crois alors ? Je crois qu'il existe une science de la réussite composée de 1000 règles pour booster l'excellence de n'importe quel être humain. Même les gens qui n'ont pas de chance ... et ouais ...

Le **conseil n°8** pour booster votre excellence, c'est que c'est en faisant des choses que vous n'avez jamais osé faire que vous obtiendrez des choses que vous n'avez jamais réussi à obtenir avec vos anciennes méthodes bidons. .

Vous voulez trouver votre voie et developper votre potentiel ? Vous en avez marre de rêver votre vie plutôt que vivre vos rêves ? Vous devez d'abord vous poser cette question : Etes-vous réellement prêts à partir à la conquête de vous-même comme moi et bien d'autres l'avons fait avant ?

Écoutez bien, soit vous êtes un lâche, un faible d'esprit ou un perdant, soit vous êtes en mode guerre, en mode légende personnelle, et dans ce cas-là vous devez savoir que l'excellence n'est pas juste un idéal, non : c'est un processus qui s'apprend.

Le **conseil n°9**, c'est que l'excellence ce n'est pas d'être parfait, c'est tout simplement mettre en place une méthode pour booster votre excellence de 1% chaque jour. Car si vous vous améliorez chaque jour de 1%, dans 365 jours vous vous serez améliorés de 365 %, c'est juste incroyable ...

Mes amis, l'excellence est une application à installer dans votre cerveau. Alors oui vous pouvez vous dire que parfois cette application n'est pas donnée. Vous savez quoi ? Si vous pensez que ce processus pour devenir excellent coûte trop cher, et bien essayez l'ignorance, vous verrez qu'elle va vous coûter beaucoup plus que de l'argent. Ne pas savoir communiquer peut vous coûter la souffrance d'un divorce, ne pas avoir une méthode pour booster votre intelligence peut vous faire louper vos études et ne pas avoir de méthode pour booster votre excellence peut vous faire passer à côté de votre légende personnelle.

Alors oui je sais je ne suis pas ce qu'on attend de moi, à savoir être un gentil coach qui sourit à tout le monde et qui porte un costume cravate, non, je préfère être sincère avec toi : moi je suis méchant, je suis agressif, mais ce que je sais aussi c'est que ce que j'enseigne fonctionne sinon je n'aurais pas 95 % de satisfaction auprès des milliers de personnes que j'ai formées depuis 2012.

Écoutez, je ne suis pas un héros, non si vous avez bien compris mon histoire, je suis un anti-héros, je ne suis pas votre prof, non je suis le cancre du fond de la classe qui a piraté le processus de l'excellence puis qui le transmet à celui qui veut savoir et agir.

Vous êtes trop timide, vous avez peur de ne pas réussir, vous abandonnez tout le temps, vous avez l'impression de stagner, vous êtes mal organisés, vous ne savez pas par où commencer, vous fumez, vous mangez trop, vous procrastinez, vous êtes perfectionniste...

Le **conseil n°10** pour booster votre excellence c'est que « faire plus de choses qui ne fonctionnent pas ne produit qu'une seule chose : PLUS DE DYSFONCTIONNEMENTS. »

Alors vous pouvez continuer à faire plus de ce qui ne fonctionne pas si ça vous amuse, ou alors ...

Ou alors j'ai une alternative à vous proposer, mais mon alternative est aussi radicale que de conseiller à quelqu'un qui a peur du vide de faire un saut en parachute. Mes amis, le meilleur moment pour investir en vous, c'était il y a 10 ou 20 ans. Le deuxième meilleur moment, c'est maintenant. Alors oubliez toutes vos croyances limitantes et vos peurs, et n'ayez peur que d'une seule chose, c'est de vous retrouver exactement au même niveau dans 1 an, 2 ans, 5 ans, sans avoir évolué. Stop ! Les perdants ont des excuses, les gagnants trouvent des moyens.

Si vous êtes ici ce soir, c'est que vous avez choisi d'écouter cette petite voix, celle qui vous a glissé que le temps de l'ombre était révolu, et qu'il était temps de faire jaillir votre lumière. Demain, il n'y aura ni gagnant ni perdant. Car ce soir, vous avez déjà gagné. »

REMERCIEMENTS

Bravo ! Soyez fier et félicitez-vous d'avoir pris la décision de lire ce livre pour devenir acteur et non plus spectateur de vos vies !

Votre destin vous appartient désormais et si ce livre vous a réellement aidé dans votre cheminement personnel...

Allons encore PLUS LOIN en vous offrant un bonus exceptionnel que vous pourrez découvrir sur

---

www.bysteve.fr/livre

Seul on va vite, ensemble on va loin...

Steve

VOUS ÊTES LES GENS DU LIVRE

Attention, ce livre ne s'auto-détruira pas après que l'ayez lu... Au contraire, il est un don qui a pour vocation d'être transmis.

Votre mission, si vous l'acceptez, sera de le transmettre à quelqu'un que vous aimez. De le déposer sur un banc dans un square, de l'offrir à un sans-abri, de le prêter à un ami malade, de le faire passer à un détenu, de l'envoyer à un expatrié... Bref, d'ouvrir ou de compléter une chaîne de transmission qui de moi à vous, de vous à l'autre, et de l'autre au monde, fera trait-d'union.

CE LIVRE A APPARTENU À :

Propriétaire 1	Date
Propriétaire 2	Date
Propriétaire 3	Date
Propriétaire 4	Date
Propriétaire 5	Date
Propriétaire 6	Date
Propriétaire 7	Date
Propriétaire 8	Date
Propriétaire 9	Date
Propriétaire 10	Date

Propriétaire 11	Date
Propriétaire 12	Date
Propriétaire 13	Date
Propriétaire 14	Date
Propriétaire 15	Date
Propriétaire 16	Date
Propriétaire 17	Date
Propriétaire 18	Date
Propriétaire 19	Date
Propriétaire 20	Date

PARTICIPE À LA PROPAGATION DU KARMASUTRA® DANS LE MONDE

Tague **#KarmaSutraChallenge** sur Insta.

Parce qu'une image à plus d'impact que mille mots, les selfies ou videos avec le livre sont les bienvenus.

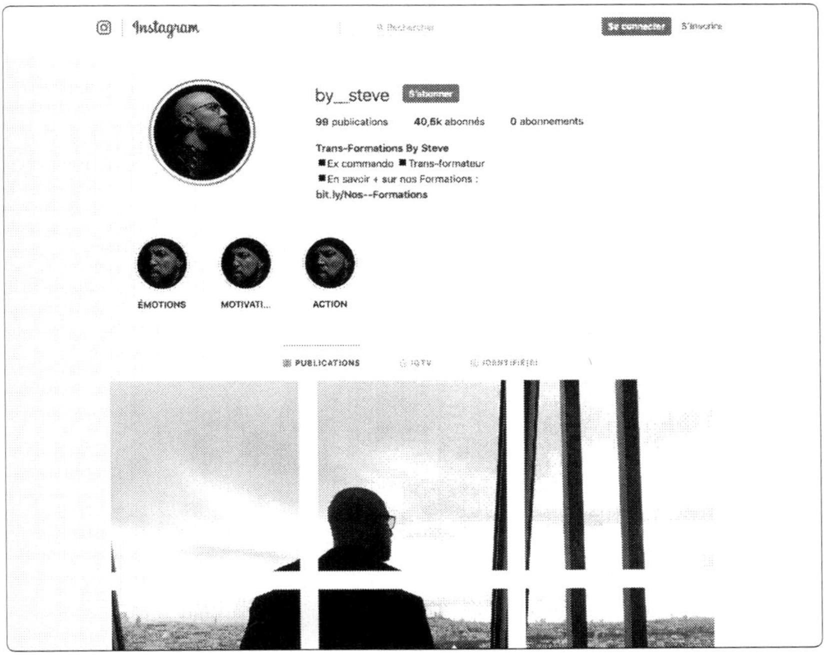

REJOINS LE MOUVEMENT SUR INSTAGRAM ET ABONNE TOI

@by__steve

MODULE 1

INFLUENCE & MANIPULATION

Comment améliorer de 100%
votre communication

MODULE 2

LEADERSHIP & MANAGEMENT

Passer de Leadershit à Leadership

MODULE 3

BOOSTEUR D'INTELLIGENCES

Lire un livre de 200 pages en 1h
et mémoriser vos cours en 30 min

MODULE 4

BUSINESS MASTER

Comment devenir millionaire en 7 ans

- Plus de 30 h de vidéos
- Interface e-learning
- Version audio MP3
- Accès au groupe privé

Printed in Poland
by Amazon Fulfillment
Poland Sp. z o.o., Wrocław

50706033R00087